Kohlhammer

Soziale Arbeit – kompakt & direkt

Herausgegeben von Rudolf Bieker und Heike Niemeyer

Eine Übersicht aller lieferbaren und im Buchhandel angekündigten Bände der Reihe finden Sie unter:

 https://shop.kohlhammer.de/soziale-arbeit-kompakt-direkt

Die Autorin

Prof. Dr. rer. soc. Claudia Daigler lehrt und forscht an der Hochschule Esslingen, Fakultät Soziale Arbeit, Bildung und Pflege. Sie ist Sozialarbeiterin und Erziehungswissenschaftlerin und hat die Professur Integrationshilfen und (berufliche) Übergänge im Lebensverlauf inne. Ihre Forschungs- und Lehrschwerpunkte sind (junge) Frauen* und Männer* in prekären Lebenslagen, Obdachlosigkeit, Hilfen zur Erziehung, Erwerbsarbeit(slosigkeit), Adressat*innenperspektiven, Jugendhilfe-/Sozialplanung.

Claudia Daigler

Junge Wohnungslose

Eine Einführung für die Soziale Arbeit

Verlag W. Kohlhammer

Dieses Werk einschließlich aller seiner Teile ist urheberrechtlich geschützt. Jede Verwendung außerhalb der engen Grenzen des Urheberrechts ist ohne Zustimmung des Verlags unzulässig und strafbar. Das gilt insbesondere für Vervielfältigungen, Übersetzungen, Mikroverfilmungen und für die Einspeicherung und Verarbeitung in elektronischen Systemen.

Die Wiedergabe von Warenbezeichnungen, Handelsnamen und sonstigen Kennzeichen in diesem Buch berechtigt nicht zu der Annahme, dass diese von jedermann frei benutzt werden dürfen. Vielmehr kann es sich auch dann um eingetragene Warenzeichen oder sonstige geschützte Kennzeichen handeln, wenn sie nicht eigens als solche gekennzeichnet sind.

Es konnten nicht alle Rechtsinhaber von Abbildungen ermittelt werden. Sollte dem Verlag gegenüber der Nachweis der Rechtsinhaberschaft geführt werden, wird das branchenübliche Honorar nachträglich gezahlt.

Dieses Werk enthält Hinweise/Links zu externen Websites Dritter, auf deren Inhalt der Verlag keinen Einfluss hat und die der Haftung der jeweiligen Seitenanbieter oder -betreiber unterliegen. Zum Zeitpunkt der Verlinkung wurden die externen Websites auf mögliche Rechtsverstöße überprüft und dabei keine Rechtsverletzung festgestellt. Ohne konkrete Hinweise auf eine solche Rechtsverletzung ist eine permanente inhaltliche Kontrolle der verlinkten Seiten nicht zumutbar. Sollten jedoch Rechtsverletzungen bekannt werden, werden die betroffenen externen Links soweit möglich unverzüglich entfernt.

1. Auflage 2023

Alle Rechte vorbehalten
© W. Kohlhammer GmbH, Stuttgart
Gesamtherstellung: W. Kohlhammer GmbH, Stuttgart

Print:
ISBN 978-3-17-042409-8

E-Book-Formate:
pdf: ISBN 978-3-17-042410-4
epub: ISBN 978-3-17-042411-1

Vorwort der Reihenherausgeber*innen

Ergänzend zu klassischen Lehrbüchern geht es in der neuen Reihe »Soziale Arbeit – kompakt & direkt« um die vertiefende Bearbeitung spezieller Themen- und Fragestellungen aus der Sozialen Arbeit und ihren Bezugsdisziplinen, z. B. theoretische Konzepte, spezifische Methoden, Arbeitsfelder oder soziale Probleme. Kompakt und direkt heißt die neue Reihe, weil sie in der Präsentation der Inhalte auf das konzentriert ist, was Lernende über das ausgewählte Thema wissen und für Studienleistungen und Prüfungen zielgenau aufbereiten können sollten.

Zielgruppen der Reihe sind jedoch nicht nur Studierende im Bachelor- oder Masterstudium, sondern auch Berufseinsteiger*innen und Praktiker*innen, die autodidaktisch oder in Fortbildungen Anschluss an den aktuellen wissenschaftlichen Diskurs halten wollen.

Der fokussierte Zuschnitt der Bände spiegelt sich in einem innovativen Buchformat, das Leser*innen Überschaubarkeit im Umfang und eine gut strukturierte Textpräsentation bietet. Zentrale Sachverhalte werden anhand von Praxisbeispielen und Abbildungen veranschaulicht. Didaktische Elemente wie Begriffserläuterungen, Textcontainer, Reminder, Essentials, kurze Zusammenfassungen, Piktogramme etc. erleichtern das Erfassen, Speichern und Wiederaufrufen der Inhalte.

Die Autor*innen der Bände sind durch ihre wissenschaftliche Expertise ausgewiesen, schreiberfahren und stehen i.d.R. mit Studierenden und Praxisfeldern in engem Kontakt.

Rudolf Bieker und Heike Niemeyer, Köln

Zu diesem Buch

Der hier vorliegende, kompakte Band legt den Fokus auf junge wohnungslose Menschen in der Altersspanne von 14 bis 27 Jahren und damit auf Lebenssituationen einer heterogenen Gruppe, die in den zentralen Übergängen, die dem Jugendalter und der Lebensphase junges Erwachsenenalter inhärent sind, aus Bildungs- und Erwerbsarbeitsstrukturen weitgehend herausfallen. Sie fallen i. d. R. ebenso aus Hilfestrukturen der Jugendhilfe, der gesetzlichen Gesundheitsversorgung etc. heraus bzw. entziehen sich diesen, wenn sie von ihnen nicht als anerkennend, sondern als bevormundend und kontrollierend erlebt werden.

Ausgegangen wird von circa 40.000 jungen Menschen, die wohnungslos sind, wobei die Dunkelziffer bei Erwachsenen wie auch bei Jugendlichen sehr hoch ist. Viele junge Menschen in diesen prekären Lebenssituationen, in denen Wohnraum und ein ›Zuhause‹ nicht existent ist, haben Mitwohngelegenheiten auf Zeit, kommen bei ›Freund*innen‹ bzw. in der Szene unter, bis sie sich wieder etwas Neues suchen müssen. So bleibt das Ausmaß von Wohnungslosigkeit/Obdachlosigkeit junger Menschen unsichtbar für die Öffentlichkeit wie auch für die Fachwelt. Hinzu kommt, dass die Soziale Arbeit bzw. die Systeme der sozialen Sicherung mitbeteiligt sind an biografischen Brucherfahrungen junger Menschen, da nach wie vor etliche Schnittstellenprobleme vorhanden sind, die dazu führen, dass junge Menschen an diesen Hilfeübergängen verloren gehen.

Die Anzahl an niederschwelligen Hilfeangeboten für junge, insbesondere für minderjährige wohnungslose Menschen oder von Wohnungslosigkeit bedrohten jungen Menschen ist überschaubar. Ebenso überschaubar ist die Forschungs- und Publikationslage. Zugleich steigt die Zahl der jungen Menschen, die den Kern offener und verdeckter Jugendarmut bilden.

Dieser Band, der sich auch als Lehrbuch für Studierende versteht, geht unterschiedlichen Fragen nach: Warum werden junge Menschen wohnungslos? Wo leben sie dann? Wie heterogen ist diese Gruppe? Wie sehen ihr Alltag und ihre Bewältigungsformen aus? Was wünschen sich junge Wohnungslose an Unterstützung, was fordern sie und wie organisieren sie sich? Welche Ansätze und Hilfeangebote der Sozialen Arbeit gibt es? Wo und warum bestehen Zuständigkeitskonflikte der Hilfesysteme und wie kann diesen mit neuen, innovativen Ansätzen begegnet werden? In welcher Weise ist die Kommunalpolitik gefragt?

Der Aufbau des Bandes ist folgendermaßen: Im ersten Kapitel wird Hintergrundwissen zu Anforderungen im Jugend- und jungen Erwachsenenalter gegeben sowie das Ausmaß an Exklusionsprozessen erläutert (▶ Kap. 1). Darauf aufbauend werden Ursachen von Wohnungslosigkeit und biografische wie institutionelle Bruchstellen, also auch jene, die durch soziale Institutionen und Rechtskreise miterzeugt werden, dargestellt und analysiert. Dabei werden ›Drehtüreffekte‹ zwischen Jugendhilfe, Inobhutnahme, Psychiatrie und Wohnungsnotfallhilfe erkennbar (▶ Kap. 2). Kapitel 3 zeigt Lebenslagen, Lebenssituationen, Sichtweisen und Bewältigungsstrategien junger Menschen auf, die als »entkoppelt von den Hilfesystemen« (Mögling, Tillmann & Reißig 2015) bezeichnet werden und diverse Strategien entwickelt haben, dabei zu überleben (▶ Kap. 3). Wohnungslose junge Menschen und junge Menschen mit Erfahrungen in der stationären Jugendhilfe haben Plattformen, Netzwerke und vieles mehr geschaffen, auf denen sie sich begegnen und austauschen, organisieren und sich zu Wort melden sowie einmischen. Im Kapitel 4 werden Initiativen und Organisationsformen junger Menschen sowie ihre Forderungen vorgestellt (▶ Kap. 4). Im umfangreichen Kapitel »Soziale Arbeit im Kontext von Wohnungslosigkeit« werden die Hilfestrukturen mit ihren rechtlichen Grundlagen sowie Angebote vorgestellt und diskutiert. Rechtliche Grundlagen bilden den Rahmen für eine Hilfegewährung und die Zuständigkeit. Aufgezeigt werden dabei auch Zuständigkeitskonflikte bzw. gegenseitige Abgrenzungen der Kostenträger (SGB VIII, SGB II und III, SGB XII und IX). Dies kann den zeitnahen Zugang junger Menschen zu Hilfen verkomplizieren. Angebote, so das Grundverständnis im Lehrbuch, müssen in ihrer institutionellen Logik rückgebunden sein an die Logiken und Sinnmuster der jungen Menschen, für die die Angebote gedacht sind.

Vorgestellt wird eine Palette an Angeboten, insbesondere der Jugendhilfe, und abschließend für ›Hilfen aus einer Hand‹ plädiert (► Kap. 5). In Kapitel 6 werden Anforderungen an politische und sozialplanerische Ebenen formuliert, um die Schaffung von bezahlbarem Wohnraum voranzutreiben, das Zuständigkeitswirrwarr der Hilfesysteme im Sinne von junge Menschen in Wohnungsnot/prekären Lebenslagen zu entflechten und ›Verschiebebahnhöfe‹ zu minimieren. Rechtkreisübergreifende Hilfeverbünde wie auch eine entschiedenere Primärzuständigkeit der Jugendhilfe und die Stärkung der Jugendsozialarbeit sind hierfür erforderlich. Dass eine integrierte Sozialplanung einen konzeptionellen und fachpolitischen Rahmen schaffen kann und muss, wird insbesondere in Kapitel 6.3 entwickelt (► Kap. 6).

Abgerundet wird der Band mit Aussagen von Berufseinsteiger*innen dazu, was sie motiviert hat, in der Arbeit für und mit jungen Menschen in prekären Lebenslagen tätig zu werden, und wie sie sich darin in ihrer Professionsrolle verstehen. Des Weiteren wird abschließend gebündelt, was es an Wissen, Haltung und Können braucht, um in diesen Arbeitsfeldern tätig sein zu können (► Kap. 7).

Inhalt

Vorwort der Reihenherausgeber*innen 5

Zu diesem Buch 6

1 **Jugendliche und junge Erwachsene in prekären Lebenslagen** 11
   1.1   Übergänge im Jugend- und jungen Erwachsenenalter 11
   1.2   Prekäre Übergänge und (Aus-)Bildung 14
   1.3   Begriffe: wohnungslose, obdachlose und entkoppelte junge Menschen 16
   1.4   Aktualität und Ausmaß von Wohnungslosigkeit ... 17

2 **Ursachen für und Wege in die Wohnungslosigkeit** ... 24
   2.1   Wohnungsverlust und fehlender bezahlbarer Wohnraum 25
   2.2   Familiäre Brucherfahrungen 27
   2.3   Ende bzw. Abbruch von stationärer Jugendhilfe ... 28

3 **Alltag und Bewältigungsleistungen in der Wohnungslosigkeit** 35
   3.1   ›Unter dem Radar‹: Facetten verdeckter Wohnungslosigkeit 36
   3.2   Kurze Erzählungen/Einblicke 39
   3.3   Szene als Ersatzfamilie, Zusammenhalt und Tiere als Vertraute 42
   3.4   Geld beschaffen, Gesundheit und Überleben 47

4	**Selbstvertretung und Peerberatung durch junge Wohnungslose**	**52**
4.1	Selbstvertretung	53
4.2	Peerberatung und Expert*innenschaft	57
5	**Soziale Arbeit im Kontext von Wohnungslosigkeit ...**	**61**
5.1	Hilfesysteme, Zuständigkeiten und ›Verschiebebahnhöfe‹	62
5.2	Mobile Jugendarbeit/Straßensozialarbeit und Online-Beratung	65
5.3	Wohnungslosigkeit und Bildungsambitionen – Bildungsangebote	68
5.4	Wohnen: Von der Notschlafstelle bis zum Jugendwohnen	71
5.5	Geschlechtsspezifische Angebote	77
5.6	Housing First für junge Menschen?	80
5.7	Übergänge begleiten – Hilfen aus einer Hand	83
6	**Kommunale Wohnungspolitik und (integrierte) Sozialplanung**	**88**
6.1	Bezahlbaren Wohnraum schaffen als Auftrag kommunaler Sozialpolitik	89
6.2	Stärkung der Jugendsozialarbeit und kombinierte Hilfen	90
6.3	Primärzuständigkeit der Jugendhilfe und integrierte Sozialplanung	92
7	**Berufseinstieg: Motivation und was muss ich können?**	**96**
7.1	Berufseinstieg als spezifischer Übergang und Einsozialisation	96
7.2	Motivationen und Selbstverständnisse	98
Literatur		**102**

1 Jugendliche und junge Erwachsene in prekären Lebenslagen

> **Überblick**
>
> In diesem Kapitel werden die Herausforderungen und Risiken im Jugend- und insbesondere im jungen Erwachsenenalter dargestellt (▶ Kap. 1.1), Aspekte der erschwerten bzw. ggf. unterbrochenen Bildungserfahrungen erläutert (▶ Kap. 1.2), die Begriffe wohnungslose, obdachlose, entkoppelte und marginalisierte junge Menschen geklärt (▶ Kap.1.3) und das Ausmaß von Wohnungslosigkeit im jungen Erwachsenenalter aufgezeigt (▶ Kap. 1.4).

1.1 Übergänge im Jugend- und jungen Erwachsenenalter

Der Anfang des mittlerweile als eigenständige Lebensphase anerkannten jungen Erwachsenenalters wird mit dem Abschluss der schulischen Episode beziffert. Ihr Endpunkt ist nicht eindeutig und kann sich weit bis in das dritte Lebensjahrzehnt hinein erstrecken. Dieser Lebensabschnitt ist mit unterschiedlichen Aufgaben (Qualifizierung, Verselbständigung, Selbstpositionierung) verknüpft, die sich als Herausforderungen in ihrer Gleichzeitigkeit kumulieren und vielerlei Anforderungen an die Bewältigung von Übergängen beinhalten. Neben dem beruflichen Einstieg muss

1 Jugendliche und junge Erwachsene in prekären Lebenslagen

bspw. die Identitätsfindung, die Ablösung vom Elternhaus und ggf. bereits der Übergang in eine eigene Familiengründung ausgestaltet und bewältigt werden.

Das junge Erwachsenenalter ist eine eigenständige Lebensphase, in der sich einerseits eine Pluralisierung von Lebensentwürfen und Lebensstilen herausbildet, andererseits aber auch eine Polarisierung von Soziallagen und Lebenschancen zu beobachten ist. Es kann als eine Art Scharnierstelle gesehen werden, die entscheidend für den weiteren Lebensweg und den »positionalen Wettbewerb« in unserer Gesellschaft ist (Stauber & Walther 2016). Zu beobachten ist darin eine zunehmende Spaltung zwischen gut ausgebildeten jungen Menschen mit vielfältigen Wahlmöglichkeiten und nachhaltig »Abgehängten« (Mögling, Tillmann & Reißig 2015, Daigler 2018).

Das junge Erwachsenenalter ist zudem durchzogen von Teilübergängen, die ungleichzeitig verlaufen, z. B., dass die Verantwortung für ein eigenes Kind besteht und übernommen wird, aber noch keine Ausbildung beendet ist. Solcherlei Übergänge verlaufen zudem i. d. R. nicht stringent, beinhalten Brüche und sind reversibel, bewegen sich also hin und her, ein Phänomen, das Barbara Stauber und Andreas Walther im Rahmen der subjektorientierten Übergangsforschung »YoYo-Übergänge« nennen (Stauber & Walther 2011). Die Metapher des YoYo verdeutlicht im Gegensatz zu linearen, fortlaufenden Übergängen, deren Ziel von vornherein feststeht und deren Richtung und Dauer absehbar ist, die Reversibilität, Fragmentierung, Unplanbarkeit und Individualisierung. So sind bspw. junge Menschen bereits aus dem Elternhaus ausgezogen, kehren dann aber vor dem Hintergrund des Wohnungsmarkts oder aus anderen Gründen wieder ins Elternhaus zurück.

Übergänge und deren Gelingen sind bedeutsamer und gleichzeitig komplizierter geworden. Sie sind zu Kristallisationspunkten sozialer Integration geworden. Sie werden strukturell gerahmt und ausgelöst und sind von den Subjekten individuell auszugestalten. Sie können deshalb als »Zustandswechsel im Wechselspiel von Selbstkonzepten und externen Rollenzuschreibungen« (Walther & Stauber 2013, 23) verstanden werden.

Ausgangspunkt der subjektorientierten Übergangsforschung ist, dass – soziologisch gesprochen – in den Strukturen der Spätmoderne »Normallebensläufe« und damit verbundene Etappen zum Auslaufmodell geworden sind. Modelle, wonach jemand ein Leben lang in dem Betrieb, in dem er*sie eine Ausbildung gemacht hat, arbeitet und dann in Rente geht, sind nicht bzw. kaum mehr denkbar. Stauber und Walther gehen davon aus, dass Subjekte aus allgemeinen sozialen Vorgaben entbunden und in die Selbstverantwortung entlassen werden. Dies birgt sowohl Chancen in sich als auch den Zwang der Selbstorganisation und Selbststeuerung. Die subjektorientierte Übergangsforschung beforscht insbesondere die biografische Bedeutung von Übergängen und deren Bewältigung. Dabei wird davon ausgegangen, dass Entstandardisierungsprozesse in Lebensläufen sich in den Übergängen junger Frauen* und Männer* wie in einem Brennglas spiegeln. Aus dem ruhig fließenden Fluss des Normallebenslaufs, dessen Gefälle durch Schleusen überbrückt wurde, so Stauber und Walther, ist ein unruhiges Gewässer voller Stromschnellen und Untiefen geworden und aus den Passagieren auf dem Linienboot mehr oder weniger geübte Wildwasserfahrer*innen mit unterschiedlich tauglichem Material (Walther & Stauber 2007, 38).

Die geschilderten Übergangsherausforderungen beinhalten immer auch ein ›sich bewegen im Offenen‹ und müssen zudem in den gesellschaftlichen Anforderungen an Einzigartigkeit und Außergewöhnlichkeit bewältigt werden. In seinen Analysen dazu, was die Spätmoderne kennzeichnet und als Herausforderungen abverlangt, geht der Soziologe Andreas Reckwitz davon aus, dass sich (nicht nur) in Deutschland seit den 1970/80er Jahren eine Gesellschaft der Singularitäten ausprägt (Reckwitz 2021). Singularisierung meint für ihn mehr als Selbständigkeit und Selbstoptimierung. Zentral sei dabei das Streben nach Einzigartigkeit und Außergewöhnlichkeit, die zu erreichen nicht nur subjektiver Wunsch, sondern gesellschaftliche Erwartung geworden sei.

> »Das Besondere ist Trumpf, das Einzigartige wird prämiert, eher reizlos ist das Allgemeine und Standardisierte. Der Durchschnittsmensch mit seinem Durchschnittsleben steht unter Konformitätsverdacht. Das neue Maß der Dinge sind die authentischen Subjekte mit originellen Ideen und kuratierter Biografie, aber auch die unverwechselbaren Güter und Events, Communities und Städte. Spätmoderne Gesellschaften feiern das Singuläre« (Reckwitz 2021, Klappentext).

Markant ausgeprägt sei dies in der neuen, hochqualifizierten Mittelklasse. Reckwitz folgend wird damit an alles in der Lebensführung der Maßstab des Besonderen angelegt:

»[W]ie man wohnt, was man isst, wohin und wie man reist, wie man den eigenen Körper oder den Freundeskreis gestaltet. Im Modus der Singularisierung wird das Leben nicht einfach gelebt, es wird kuratiert. Das spätmoderne Subjekt *performt* sein (dem Anspruch nach) besonderes Selbst vor den Anderen, die zum Publikum werden« (ebd., 9).

Die sozialen Medien identifiziert Reckwitz als zentrale Arenen dieser Arbeit an der Besonderheit: »Das Subjekt bewegt sich hier auf einem umfassenden sozialen Attraktivitätsmarkt, auf dem ein Kampf um Sichtbarkeit ausgetragen wird, die nur das ungewöhnlich Erscheinende verspricht« (Reckwitz 2021, 10). Wertvoll ist nur das Besondere.

Mit diesem Druck, sich als besonders präsentieren zu müssen, verschärfen sich zum einen Abstiegsängste und die ›Produktion‹ von Verlierer*innen, zum anderen bildet sich eine neue Klasse unterprivilegierter Arbeitsverhältnisse. Zudem besteht die Gefahr, dass sich der gesellschaftliche Zusammenhalt, Solidarität, insbesondere die gesellschaftliche Kultur der Solidarität mit denen, die der Unterstützung bedürfen und darauf angewiesen sind, zunehmend auflösen oder anders gesprochen: Singularisierung birgt die Gefahr der Zersetzung des Sozialen.

1.2 Prekäre Übergänge und (Aus-)Bildung

Die Übergänge ins Erwachsenenalter sind von einer Entkoppelung von Bildung und Beschäftigung gekennzeichnet. Was ist damit gemeint? Junge Menschen sollen verstärkt in Bildung investieren, zwischen unzähligen Möglichkeiten an Studiengängen auswählen, Auslandsaufenthalte integrieren, sich flexibel auf neue Anforderungen einstellen, ja diese möglichst bereits antizipieren. Gleichzeitig sollen Bildungsprozesse beschleunigt und möglichst effizient gestaltet werden, ohne dass davon ausgegangen werden kann, dass die eigenen Bildungsinvestitionen belohnt werden. Die Annahme, es sei möglich, die Regie über die eigene Übergangsbiografie zu bekommen und zu behalten, wenn man sich nur genügend bemüht, läuft auch bezogen auf berufliche Übergänge ins Leere. Auch in vermeintlichen

1.2 Prekäre Übergänge und (Aus-)Bildung

›Überfliegerbiografien‹ ist der Grat zwischen den erfolgreichen Selbstunternehmer*innen und den ›Loser*innen‹ schmal. Zudem ist erkennbar, dass – trotz des Mangels an Auszubildenden – die Berufsausbildung für eine konstant große, ja wachsende Anzahl junger Menschen verschlossen bleibt. Im sogenannten »Übergangssystem«, also den Angeboten für junge Menschen, die keine Einmündung in Ausbildung und Arbeit finden, steigt die Anzahl junger Menschen fortlaufend an. Verlaufsstudien zu beruflichen Übergängen konnten zeigen, dass Risiken, ganz aus Bildungsstrukturen herauszufallen, insbesondere dann bestehen, wenn keinerlei Schulabschluss erreicht werden kann, beim Abbruch von berufsbildenden Maßnahmen und grundsätzlich nach dem Abschluss einer Bildungsepisode, wenn ein neuer Anschluss gefunden werden muss.

In Befragungen zu »Schulabstinenz« erklärten wohnungslose oder ehemals wohnungslose Jugendliche, dass ihr Fernbleiben von der Schule weniger auf schulischer Überforderung oder Unlust basiert, sondern darauf, aufgrund von Belastungen wie familiären Konflikten, Gewalterfahrungen oder Suchtmittelkonsum zunehmend den schulischen Anschluss verloren zu haben. Leistungsabfall und Klassenwiederholungen, der Wechsel von Schulen und Schulabbrüche werden als ein aufeinander aufbauender Prozess beschrieben. Sie berichteten auch davon, dass ihr Fernbleiben über lange Zeit nicht bemerkt wurde und dass sie lieber Sozialstunden machten, als zurück zur Schule zu gehen. Häufig fühlten sie sich von den Lehrkräften nicht ausreichend verstanden und unterstützt (Beierle & Hoch 2017, 15). Nach den Erhebungen der Bundesarbeitsgemeinschaft Wohnungslosenhilfe e. V. (BAG W) im Veröffentlichungsjahr 2018 haben etwa 26 % der 18- bis 20-Jährigen sowie 23 % der 21- bis 24-jährigen jungen wohnungslosen Erwachsenen keinen Schulabschluss. Ca. 44 % der 18- bis 20-Jährigen und 48 % der 21- bis 24-Jährigen haben einen Hauptschulabschluss und 18 % der 18- bis 24-Jährigen haben die mittlere Reife erlangen können. 94 % der 18- bis 20-Jährigen und 82 % der 21- bis 24-Jährigen haben keine abgeschlossene Berufsausbildung (Specht 2017, 357).

1.3 Begriffe: wohnungslose, obdachlose und entkoppelte junge Menschen

Als akut wohnungslos wird in Deutschland nach der Definition der BAG W angesehen, wer über keinen mietvertraglich abgesicherten Wohnraum verfügt. Dieser Personenkreis umfasst Menschen, die ›auf der Straße‹ oder in Notunterkünften leben, aber auch Bewohner*innen von temporären und langfristigen Unterkünften mit oder ohne sozialarbeiterische Unterstützung sowie Personen, die sich vorübergehend bei Verwandten und Bekannten – ggf. auf der Couch – aufhalten (BAG W 2010). Letzteres schließt vor allem verdeckt bzw. versteckt wohnungslos lebende Frauen* ein, die zudem teilweise in Zwangspartnerschaften leben und vielfach von Gewalt betroffen oder bedroht sind (Körner & Koop 2012).

Als Wohnungslose werden also Personen bezeichnet, die in Einrichtungen wohnen, die nur für eine begrenzte Aufenthaltsdauer (z. B. Übergangswohnheime, Frauenhäuser) vorgesehen sind oder, wenn Menschen in ungewissen, nicht-institutionellen Umständen ohne mietrechtliche Absicherung leben (z. B. Abbruchhäuser, Wohnwagen, Zelte, bei Freund*innen) (Beierle & Hoch 2019). Als obdachlos gelten Personen, die keinen festen Wohnsitz haben und im Freien oder in einem Auto nächtigen, in einer Gartenlaube oder einem Bauwagen leben oder in einer Notunterkunft übernachten. Obdachlosigkeit ist damit eine »Unterform« der Wohnungslosigkeit. Die definitorische Grenze zwischen Wohnungslosigkeit und Obdachlosigkeit ist schmal und nicht einheitlich, so Constanze Ohms (Ohms 2019).

In der Jugendhilfepraxis ist oft von jungen Menschen, die ›auf Trebe sind‹, die Rede. Auf Trebe sein ist ein Ausdruck für junge Menschen, die aus ihrem Elternhaus oder aus einer Wohngruppe ›ausgerissen‹ bzw. ›abgängig‹ sind, ›irgendwo‹ leben und sich durchschlagen. ›Straßenkinder‹ ist eine Bezeichnung, die insbesondere im internationalen Kontext vertrauter ist bzw. mit Ländern des globalen Südens und mit Verarmung in Verbindung gebracht wird. Sie wird zudem in Deutschland auch deshalb weniger verwendet, weil der Anteil an Kindern unter 14 Jahren, die ›auf der Straße leben‹ – trotz der steigenden Anzahl von Familien in Wohnungslosigkeit – im Verhältnis zu anderen Altersgruppen gering ist. In der Literatur, insbesondere in den Veröffentlichungen des Deutschen Jugendinstituts (DJI), wird häufig von »Straßenjugendlichen« gesprochen, wobei auch hier zu bedenken ist, dass wenige der betroffenen jungen Menschen tatsächlich auf der Parkbank, unter der Brücke etc. übernachten und diese Phänomene weitaus verdeckter daherkommen, was die weitgehende Unsichtbarkeit ausmacht.

Unterschieden wird in der Forschung zudem zwischen marginalisierten Jugendlichen (von gesellschaftlicher Teilhabe weitgehend ausgeschlossen), verlorenen Jugendlichen (aus dem institutionellen Blick geraten), chancenarmen Jugendlichen (normative Kategorie), NEETS (junge Menschen außerhalb der Erwerbsarbeit, Schule und Ausbildung), entkoppelten Jugendlichen (aus sämtlichen institutionellen Kontexten herausgefallen) und Drop-out-Jugendlichen (von Abbrüchen gekennzeichnete Übergangs- und Hilfeverläufe) (Mögling, Tillmann & Reißig 2015). Neben der Tatsache, dass der Begriff der Obdachlosigkeit unter Umständen nicht vollständig zutrifft, verweist der Begriff der Entkopplung, so Clark und Momo, auch auf das Problem, dass es jungen wohnungslosen Menschen häufig nicht ausschließlich an einer Wohnung, sondern darüber hinaus an zahlreichen institutionellen Anbindungen mangelt, auf die sie einen Rechtsanspruch haben. Der Zugang zu Schule und Ausbildung ist bei einem Leben in Obdachlosigkeit mindestens erschwert, die Hürden der ärztlichen Versorgung sind hoch und der Zugang zu materieller und monetärer Grundversorgung erschwert (Clark & Momo 2019).

1.4 Aktualität und Ausmaß von Wohnungslosigkeit

In empirischen Studien wird von ca. 80.000 jungen Menschen ausgegangen, die sich weder in Bildungsepisoden, Erwerbsarbeit oder im Bezug von Transferleistungen befinden, zu denen das klassische Hilfesystem also keine Zugänge mehr hat. Darunter befinden sich rund 37.000 junge Menschen, die als wohnungslos bezeichnet werden. Darin sind nicht die jungen Menschen eingeschlossen, die mit ihrer Familie oder einem Elternteil wohnungslos sind bzw. von Wohnungslosigkeit akut bedroht sind (Mögling, Tillmann & Reißig 2015). Es wird geschätzt, dass 1 % der wohnungslosen Menschen unter 14 Jahre alt sind, knapp ein Fünftel sind minderjährig und der deutlich größte Teil (65 %) sind zwischen 18 und 24 Jahre alt (Beierle & Hoch 2019). Die Zahlen steigen mit dem Erreichen der Volljährigkeit deutlich an. Die erreichte Volljährigkeit ist damit als neuralgischer Punkt in Verläufen bzw. bei der Einmündung in Wohnungslosigkeit zu identifizieren.

Die Datenlage beruht auf einer Befragung von rund 300 betroffenen Jugendlichen und jungen Erwachsenen im Alter bis einschließlich 24 Jahren zu ihren Straßenepisoden (Hoch 2016). Zudem wurde eine deutschlandweite Trägerbefragung durchgeführt, an der ca. 300 Einrichtungen teilnahmen, um die Anzahl der betroffenen Jugendlichen und jungen Erwachsenen im Alter bis einschließlich 26 Jahren zu schätzen. Bei der Verwendung dieser Daten ist immer auch darauf zu verweisen, dass es sich um Schätzungen bzw. Hochrechnungen handelt und von einer hohen Dunkelziffer auszugehen ist, da sich viele junge Menschen in verdeckter Wohnungslosigkeit und diversen Unterschlupfsituationen bewegen. Studien des DJI zeigen, dass junge Menschen, die sichtbar z. B. im öffentlichen Raum betteln, ›Platte machen‹ und übernachten, rund ein Drittel aller wohnungslosen jungen Menschen ausmachen. Zwei Drittel wohnen in Übergangswohnheimen, Abbruchhäusern und kommen insbesondere temporär bei Bekannten/Freund*innen unter bzw. leben in prekären Wohnverhältnissen mit begrenzter Aufenthaltsdauer (ebd.). Das Dunkelfeld ist auch deshalb schwer zu beziffern, weil sich junge Wohnungslose bewusst von Hilfesystemen fernhalten und im öffentlichen Raum wenig auffallen. Zu diesem Dunkelfeld sind auch junge Menschen mit Fluchthintergrund zu rechnen, die nicht (mehr) als unbegleitete minderjährige Geflüchtete in Wohngruppen der Jugendhilfe leben, und diejenigen, die sich vor Abschiebung oder Ähnlichem schützen wollen.

Die Aufenthaltsorte der jungen Menschen sind zumeist durch vielfache Wechsel geprägt, bei denen sich nach zwischenzeitlichem »Unterkommen« häufig wieder Zeiten ohne »Dach über dem Kopf« anschließen (Mögling

& Beierle 2015). Gependelt wird zwischen Notschlafstellen, Wohnungen von Freund*innen oder (vermeintlichen) Unterstützer*innen und zugewiesenen Orten wie Jugendhilfeeinrichtungen, oder die jungen Menschen gehen bei großer Not (zeitweise) auch zurück zu ihren Familien. Im Durchschnitt bewegen sich junge Menschen über einem Zeitraum von einem Jahr ›auf der Straße‹. Das Durchschnittsalter des Eintritts liegt zwischen 16 und 18 Jahre (Hoch 2017, 10). Je älter, desto länger sind die Phasen der Obdachlosigkeit.

Ob die Wohnungslosigkeit von jungen Menschen zugenommen hat, kann nicht valide beantwortet werden, da es hierzu fast keine Statistiken gibt und auch die quantitativen Studien des DJI nur punktuell erfolgen. Die Fachpraxis berichtet einhellig davon, dass die Anzahl wohnungsloser sowie von Wohnungslosigkeit bedrohter Jugendlicher vor dem Hintergrund der angespannten Wohnungsmärkte in den Großstädten deutlich gestiegen sei.

Wohnungslosenberichterstattung

2020 hat der Deutsche Bundestag die Einführung einer bundesweiten Wohnungslosenberichterstattung beschlossen (Bundesanzeiger 2020). Dabei sollen u. a. das Alter, Geschlecht, die Staatsangehörigkeit und die Haushaltsgröße erfasst sowie dokumentiert werden, in welcher Art der Unterkünfte und seit wann die betroffenen Menschen dort leben. Eine erste Erhebung findet 2022 statt. Unklar ist noch, in welcher Form auch die Situation wohnungsloser und obdachloser minderjähriger Straßenjugendlicher berücksichtigt wird und wie das Dunkelfeld geschätzt werden soll.

Der Anteil der Frauen* in der Wohnungslosigkeit liegt in den Schätzungen bei knapp einem Drittel, Tendenz steigend (Rosenke 2017a). Bei Minderjährigen zeigt sich jedoch ein deutlich anderes Bild: Je jünger die Jugendlichen sind, desto stärker überwiegen die Mädchen*. Demnach sind Mädchen*und junge Frauen* insbesondere bis zum 20. Lebensjahr überproportional vertreten, sie bilden sogar die Mehrheit (Beierle & Hoch

1 Jugendliche und junge Erwachsene in prekären Lebenslagen

2018, bereits Weber 2001). Ab dem 20. Lebensjahr kehrt sich das Verhältnis um (▶ Abb. 1).

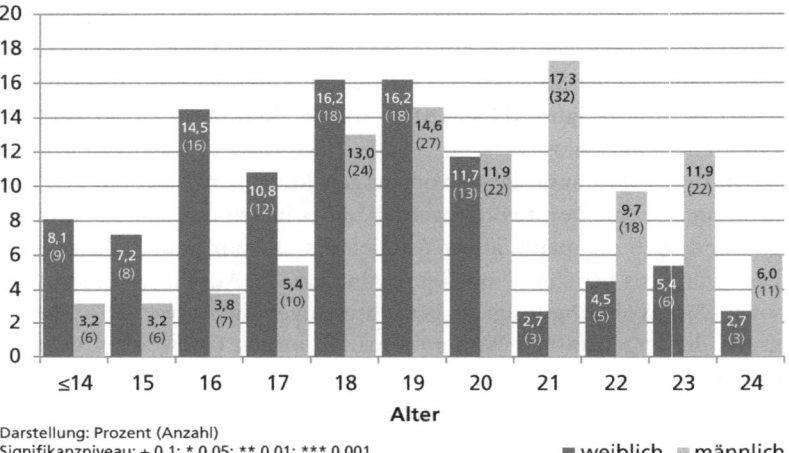

Darstellung: Prozent (Anzahl)
Signifikanzniveau: + 0.1; * 0.05; ** 0.01; *** 0.001

Abb. 1: Straßenjugendliche nach Geschlecht und Alter (Hoch 2016, 18)

Darüber, warum und wie es zu bewerten ist, dass junge Frauen* mit zunehmendem Alter in den auf der Basis der Rückmeldungen der Praxis geführten Statistiken deutlich abnehmen, ob es sich um eine erneute Form des Abtauchens in ungute, gewaltförmige Lebenssituationen handelt und wo sie ggf. wann wieder aufschlagen, ist wenig bis nichts bekannt (Daigler 2019a). In der Praxis wird häufig angenommen, dass sie ›die Kurve bekommen haben‹ und dass junge Frauen* tendenziell mehr persönliche Ressourcen (Fähigkeit, sich selbst zu kümmern und sich zu organisieren) haben, um sich aus prekären Situationen herauszulösen. Doch ist dies wirklich positiv zu bewerten oder münden junge Frauen* in andere, wiederum verdeckte, prekäre Lebenssituationen ein? Vielleicht handelt es sich hier mehr um Schönrederei und Wegschauen als um Erfolge. Eine These ist, dass die starke Präsenz von Mädchen* in Verhältnissen von Wohnungslosigkeit bis zum 21. Lebensjahr mit der Vergabe von Hilfen und Platzierungsentscheidungen zu tun hat (Daigler 2020b). Mädchen* und junge Frauen* erhalten nach wie vor weniger und tendenziell später Erziehungshilfen als Jungen*. Sie erhalten dann häufiger stationäre Hilfen, vor dem Hintergrund, dass sich die familiären Verhältnisse über die Zeit hinweg zugespitzt haben und sich als nicht mehr aushaltbar erweisen. Und sie erhalten deutlich häufiger Hilfen auf dem Hintergrund, dass sie sich – wiederholt – selbst melden – also nicht, weil sie adressiert werden, sondern weil sie sich selbst adressieren.

Die Dauer der Hilfe bis zur Vollendung des 18. Lebensjahres ist durch das spätere ›Aufschlagen‹ in den Hilfen zur Erziehung (HzE) eingekürzt. Bei der ungleichen Verteilung in den Angeboten der HzE qua Geschlecht handelt es sich nicht um Spekulationen, sondern um in den Statistiken zur Inanspruchnahme der HzE der letzten 35 Jahre darstellbare Befunde (Fendrich & Tabel 2019).

Das ›Übersehen-Werden‹ in sehr belasteten familiären Situationen durch die Jugendhilfeinstitutionen kann eine Erklärung dafür sein, dass Mädchen* ›abhauen‹ und ›auf die Straße gehen‹, um dort eine Ersatzfamilie zu suchen. Das bedeutet, das Changieren zwischen Jugendhilfe und Wohnungslosigkeit kann nicht nur an der Bruchstelle der Vollendung des 18. Lebensjahres kritisch betrachtet werden, sondern muss auch die zuvor erschwerten Zugänge für Mädchen und die damit einhergehenden Wahrnehmungsmuster der Jugendhilfe in den Blick nehmen.

Studien, in denen junge wohnungslose Frauen* über mehrere Jahre begleitet und nach ihren Sinnstrukturen und Lebensqualitäten gefragt werden, liegen nicht vor. Grundsätzlich kann von einer Lücke hinsichtlich von Langzeitstudien gesprochen werden, die Verläufe nachzeichnen können. Eine Ausnahme ist die SOS-Längsschnittstudie, in der seit 2014 in SOS-Einrichtungen Betreute, deren Bezugsbetreuungspersonen sowie Careleaver* regelmäßig befragt werden (https://www.sos-kinderdorf.de/portal/paedagogik/praxisforschung/laengsschnittstudie).

Eine weitere Lücke existiert zudem bezogen auf LSBT*I*Q-Jugendliche in Wohnungslosigkeit. Verschiedene Studien aus dem anglo-amerikanischen Sprachraum weisen auf einen mit 40 % überproportional hohen Anteil von LSBT*I*Q an jugendlichen Obdachlosen hin sowie auf ein hohes Risiko von trans*Frauen, insbesondere sexualisierte oder körperliche Gewalt zu erleben (Ohms 2019). Grundsätzlich lässt sich sagen, dass das Thema trans* bislang noch wenig in den Strukturen der Wohnungslosenhilfe angekommen ist (BAG W 2021, Haug 2021). Steckelberg stellt hierzu fest:

»In Deutschland wird Wohnungslosigkeit nur sehr marginal im Zusammenhang mit homophober und transphober Ausgrenzung betrachtet. Während im englischsprachigen Raum zahlreiche Forschungen wie auch spezifische Hilfsangebote für LSBTQ, die von Wohnungslosigkeit betroffen sind, zu finden sind, fehlt beides im deutschsprachigen Raum weitgehend. Dabei legen Forschungsergebnisse aus Großbritannien, Kanada und den USA nahe, dass auch hierzulande von einer besonderen Vulnerabilität von Menschen ausgegangen werden kann, die den heteronormativen Vorgaben einer heterosexuellen Orientierung oder einer eindeutigen Zuordnung in der binären Geschlechterordnung nicht entsprechen« (Steckelberg 2018b, 2).

Auf den Punkt gebracht

- Das Jugend- und das junge Erwachsenenalter sind mit vielerlei spezifischen Übergangsanforderungen und deren Bewältigung verbunden. Damit einhergehen sowohl Chancen als auch Exklusionsrisiken.
- Übergänge und deren Gelingen sind als Kristallisationspunkte sozialer Integration zu verstehen. Sie sind bedeutsamer und gleichzeitig komplizierter geworden.
- Die Übergangsanforderungen müssen unter den Prämissen der Außergewöhnlichkeit und Einzigartigkeit geleistet werden. Die entsprechende Performance ist dabei hoch relevant.
- Das junge Erwachsenenalter ist mit einer Vielzahl von Armutsrisiken verbunden. Nicht zuletzt die Entkoppelung von Bildungsinstitutionen und Angeboten der Berufsausbildung führen zu nachhaltigen Schwierigkeiten, ein selbständiges, von (zum Teil sanktionierenden) Unterstützungssystemen unabhängiges Leben führen zu können.
- In der Praxis und in der Forschung zu jungen wohnungslosen Frauen* und Männern* werden verschiedenste Begrifflichkeiten verwendet. Zentral dabei ist ein Verständnis der Unterscheidung zwischen Wohnungslosigkeit und Obdachlosigkeit.
- Das Ausmaß von Wohnungslosigkeit ist generell schwer zu beziffern und beinhaltet ein großes Dunkelfeld. Verbunden damit sind verschiedenste Formen verdeckter Wohnungslosigkeit (▶ Kap. 3.1).

1.4 Aktualität und Ausmaß von Wohnungslosigkeit

I. d. R. gehen die veröffentlichten Zahlen auf Schätzungen bzw. Hochrechnungen zurück. Im Bereich der jungen Menschen wird die Anzahl auf 80.000 von Hilfesystemen entkoppelte sowie 37.000 wohnungslose junge Menschen geschätzt (Mögling, Tillmann & Reißig 2015, Hoch 2016). Angenommen wird, dass ein Drittel der wohnungslosen jungen Menschen obdachlos ist.
- Je jünger wohnungslose junge Menschen sind, desto mehr überwiegt der Anteil von Mädchen* und jungen Frauen*. Eine Verbindungslinie kann hierbei zu den Adressierungspraxen der HzE gezogen werden, wo Jungen* frühzeitiger und mehr ambulante Hilfen erhalten als Mädchen*.

Reflexionsfragen

- Was wird unter jungem Erwachsenenalter verstanden und wodurch ist es gekennzeichnet?
- Erklären Sie bitte einer*m Bekannten, was der Unterschied zwischen wohnungslosen und obdachlosen (jungen) Menschen ist.
- Was können Gründe dafür sein, dass Mädchen* bis zu ihrem 20. Lebensjahr einen hohen Anteil der junge Wohnungslosen ausmachen? Und wie ist der Rückgang der Zahlen mit dem 20. Lebensjahr zu bewerten?

Weiterführende Literatur

Beierle, Sarah & Hoch, Carolin (2019): Heute hier, morgen dort – Junge Menschen auf der Suche nach dem nächsten Dach über dem Kopf. Sozial Extra 43 (5), 313–317.

Mögling, Tatjana, Tillmann, Frank & Reißig, Birgit (2015): Entkoppelt vom System. Düsseldorf: Vodafone Stiftung.

Walther, Andreas & Stauber, Barbara (2013): Übergänge im Lebenslauf In: Schröer, Wolfgang, Stauber, Barbara, Walther, Andreas, Böhnisch, Lothar & Lenz, Karl (Hrsg.): Handbuch Übergänge (23–43). Weinheim & Basel: Beltz Juventa.

2 Ursachen für und Wege in die Wohnungslosigkeit

> **Überblick**
>
> Die Ursachen, warum Kinder und Jugendliche wohnungs- bzw. obdachlos werden, sind verschieden. Bei der Mehrheit kann nicht ein einzelner Faktor als Erklärung herangezogen werden. Viele von ihnen haben Armut, (körperliche, psychische, sexuelle) Gewalt und Vernachlässigung in der Familie erlebt. Einige haben sich aufgrund dieser Erfahrungen dafür entschieden, das Elternhaus zu verlassen, andere wurden auf die Straße gesetzt, haben Kinder- und Jugendhilfeeinrichtungen verlassen oder wurden dort entlassen. Offiziell leben etliche bei ihren Eltern, sind aber zum Teil Tage und Wochen nicht ›nach Hause‹ zurückgekehrt. Hinzu kommt, dass immer mehr Familien und junge Erwachsene ihre (Miet-)Wohnung verlieren, in Mietrückstände geraten und sie ein Wohnungsmarkt mit immer weniger bezahlbarem Wohnraum exkludiert. Deshalb sind in diesem Kapitel verschiedene Zugänge aufzuzeigen.
>
> - Wohnungslosigkeit, die entsteht, wenn Familien oder junger Erwachsene ihre Wohnung verlieren und nicht wieder in eine neue eigene Wohnung einmünden können (▶ Kap. 2.1),
> - Jugendliche, die im Elternhaus nicht mehr bleiben können/wollen (▶ Kap. 2.2),
> - Jugendliche/junge Menschen, die aus stationären Jugendhilfeeinrichtungen ›flüchten‹, Heimerziehung abbrechen, oder die Hilfe von der Einrichtung abgebrochen wird (▶ Kap. 2.3).

2.1 Wohnungsverlust und fehlender bezahlbarer Wohnraum

Je älter Jugendliche und junge Erwachsene sind, desto häufiger fallen Aspekte wie ein Wohnortwechsel, der Verlust des Arbeitsplatzes oder der Lehrstelle, eine Trennung oder der Verlust des*der Partner*in bzw. der Bezugsperson, der Verlust der Wohnung, aber auch eine Therapie- bzw. Haftentlassung als Ursache für Wohnungslosigkeit ins Gewicht. Mietrückstände entstehen durch Verlust der Erwerbsarbeit, durch Überschuldung sowie psychische Beeinträchtigungen und damit verbundenen Schwierigkeiten, sich um Dinge des Lebens (z. B. Finanzen) ausreichend kümmern zu können (Hoch 2017). Schwierig ist für viele junge Menschen, insbesondere für diejenigen mit Erfahrungen in der stationären Jugendhilfe, die eigene Wohnung zu halten. Als Hauptauslöser für ihre Wohnungslosigkeit sehen wohnungslose junge Menschen – zusätzlich zu den individuellen, heterogenen Gründen – auch die Defizite in den Hilfestrukturen, sei es im Jugendamt, in Sozialämtern, dem Jobcenter oder der Bundesagentur für Arbeit. Sie fühlen sich aufgrund bürokratischer Hürden überfordert und in den Behörden nicht ausreichend unterstützt und verstanden (Sievers 2019). Gerahmt werden die oben beschriebenen Bruchstellen von einem unzureichenden Angebot an bezahlbarem Wohnraum. Menschen, die im Niedriglohnsektor arbeiten bzw. in Einkommensarmut leben, haben kaum mehr Möglichkeiten auf dem regulären Wohnungsmarkt unterzukommen. Allein zwischen 2000 und 2020 hat sich der Bestand an Sozialwohnungen in Deutschland halbiert. Das bedeutet, für junge Erwachsene – wie auch für viele andere und insbesondere für vulnerable Gruppen – erweist es sich als ausgesprochen schwierig, nach dem Verlust des eigenen Wohnraums wieder einen bezahlbaren und ausreichenden Wohnraum zu erhalten und zu finanzieren.

Auch wenn Wohnungslosigkeit nach wie vor vorrangig als ein Problem alleinstehender, überwiegend männlicher Personen öffentlich wahrgenommen wird und zudem die Wohnungsnotfallhilfe auf Einzelpersonen ausgerichtet ist, steigt die Zahl der wohnungslosen Haushalte mit minderjährigen Kindern und Jugendlichen kontinuierlich an. Die Bundesarbeitsgemeinschaft Wohnungslosenhilfe e. V. (BAG W) gibt an, dass erstmals 2018 Haushalte mit Kindern und Jugendlichen häufiger (71%) wohnungslos wurden als Haushalte ohne Kinder/Jugendliche (48%) (BAG W 2020a). Die Unterkunftssituation wohnungsloser Familien wird als alarmierend bewertet: Der größte Anteil lebt in verdeckter Wohnungslosigkeit bei Familienangehörigen, Partner*innen und Bekannten als ›Zwischenlösung‹ in oftmals prekären Mitwohnverhältnissen mit, ca. ein Zehntel sind in Notunterkünften im Rahmen der ordnungsrechtlichen Unterbringung untergebracht und ein Fünftel der Familien sind gänzlich ohne Obdach (BAG W 2020b). Bei Familien in Wohnungslosigkeit überwiegen alleinerziehende Personen, i. d. R. alleinerziehende Frauen*, (junge) Schwangere und Familien mit Migrationshintergrund, die EU-Bürger*innen sind. Eine bereits 2015 für Baden-Württemberg veröffentlichte Studie zeigte auf, dass der Anteil an Kindern und Jugendlichen bis 18 Jahren 40% der ordnungsrechtlich untergebrachten Personen ausmacht, die dort eine durchschnittliche Verweildauer von mehr als drei Jahre haben (GISS 2015). Aufgrund des ›Verstopfungsphänomens‹, also, dass kein bezahlbarer Wohnraum als Alternative gefunden werden kann, in der ordnungsrechtlichen Unterbringung wie auch in der Wohnungslosenhilfe der freien Träger, ergibt sich die prekäre Situation, dass Kinder und Jugendliche über viele Jahre hinweg in Notunterkünften in beengtem Wohnraum, oftmals in einer Umgebung mit viel Konflikten und Gewaltpotenzial aufwachsen. Kolleg*innen aus der Wohnungsnotfallhilfe sehen großen Bedarf an Kooperation mit der Jugendhilfe/dem Jugendamt und dem Aufbau von sogenannten ressortübergreifenden »verbundenen Hilfen«. Sie erleben den Zugang zum Jugendamt als tendenziell schwierig, da wohnungslose Familien auch Wohnorte wechseln und damit die Zuständigkeit wechselt und da sie innerhalb der Jugendämter eine hohe Personalfluktuation wahrnehmen (Daigler 2022).

Ordnungsrechtliche Unterbringung

Unfreiwillige Obdachlosigkeit bedroht die grundgesetzlich geschützten Güter der körperlichen Unversehrtheit, von Leib und Leben der betroffenen Menschen. Die Ordnungsbehörden und die Polizei sind – auf der Grundlage der Ordnungs- und Polizeigesetze der Länder – verpflichtet, diese Bedrohung abzuwehren. Sie müssen die betroffenen Personen daher unterbringen. Die Unterbringung nach Ordnungsrecht dient nicht einer »wohnungsmäßigen Versorgung«, sondern soll den Betroffenen eine vorübergehende Unterkunft einfacher Art verschaffen.

2.2 Familiäre Brucherfahrungen

Aus der DJI-Studie von Beierle und Hoch geht hervor, dass familiäre Problemlagen von minderjährigen als Hauptgrund (66,2 %) und von volljährigen jungen Menschen als zweitwichtigster Grund (40,1 %) für ihre Straßenkarriere genannt werden (Beierle & Hoch 2018). Damit verbunden sind Erfahrungen von Vernachlässigung, Missachtung, physischer und emotionaler Gewalt und ein Aufwachsen mit suchterkrankten oder psychisch erkrankten Elternteilen. Die Entscheidung, das Elternhaus zu verlassen, wird in den seltensten Fällen plötzlich getroffen. Vielmehr kommen junge Menschen peu à peu in Kontakt mit der Szene, die ihnen attraktiver als Schule, Familie oder Unterbringung erscheint. Zunächst schlafen sie noch an ihrem Meldesitz, dehnen dann ihr Wegbleiben immer mehr aus, bis sie endgültig nicht mehr nach Hause kommen.

Praxis und Forschung melden seit Jahrzehnten zurück, dass junge Frauen* i. d. R. Herabwürdigung, massive Kontrolle, Missbrauch, Schläge etc. in der Familie lange aushalten und erst dann flüchten, wenn es unerträglich wird. Nicht selten haben sie zuvor mehrmals beim Jugendamt auf ihre Situation aufmerksam gemacht, ohne dass sich für sie eine Verbesserung der familiären Situation oder eine Alternative zum Leben in der Familie ergeben hat. Verbunden damit ist insbesondere bei Mädchen* die Erfahrung, ausfallende Elternteile ersetzen bzw. deren Sorgearbeit mit übernehmen zu müssen (Stichwort Parentifizierung). Damit erhalten sie überhaupt die Berechtigung der Existenz oder glauben, dass sie diese erst darüber erhalten. Dies bestätigen Befunde, wonach Mädchen* und junge

Frauen* in verdeckte Wohnungslosigkeit gehen als Folge ausstoßender Familiensysteme, in die sie gleichzeitig viel investiert hatten (Hartwig & Kriener 2007, Daigler 2019). Aus der Mädchen*forschung ist bekannt, dass Mädchen* und junge Frauen* i. d. R. nicht hilfsbedürftig, sondern ›ganz normal‹, unauffällig, ›taff‹ und handlungsfähig sein wollen. Sie wollen anderen zeigen, dass sie es ›drauf haben‹. So wird Not und vieles mehr ›eingenordet‹ und bagatellisiert, auf jeden Fall nicht erzählt, um das Gesicht zu wahren und nicht Opfer zu sein. Das bedeutet, auch wenn Mädchen* und junge Frauen* in Notunterkünften bzw. Hilfen sind, werden diese Verdeckungen fortgesetzt (Daigler 2020b).

»Auf der Straße leben heißt, dass alles in meinem Leben anders ist als vorher. Aber so ist es immer noch besser als das, was ich in meiner Familie vorher erlebt habe. Zu Hause hat der Freund meiner Mutter mich total kontrolliert, der hat mich bis ins Bad und zur Toilette verfolgt. Wenn ich das meiner Mutter erzählt hab', war ihr das egal oder sie hat mir das nicht geglaubt. Was ich gemacht hab', wie ich mich gefühlt hab', hat eh keinen interessiert. Nur wenn ich meine kleinen Geschwister und den Haushalt versorgen sollte, dann war ich plötzlich wichtig. Jetzt auf der Straße leben ist zwar auch schwer, manchmal auch gefährlich. Aber ich fühle mich, seitdem ich von zu Hause weg bin, auch irgendwie freier; zu Haus, das hat mich total fertiggemacht; in der Schule hab' ich sowieso nichts mehr gerafft. Bin dann in den letzten Monaten auch gar nicht mehr hingegangen. Auf Betreuung in einer Jugendwohnung oder so hab' ich auch keinen Bock. Dann penn ich lieber bei Freunden oder mit anderen im Park oder so« (Mädchen, 17 Jahre, AK Wohnraum für junge Menschen in Hamburg & Diakonisches Werk Hamburg 2007, 12).

2.3 Ende bzw. Abbruch von stationärer Jugendhilfe

Praktiker*innen der Jugendsozialarbeit und Wohnungslosenhilfe schätzen wie oben (▶ Kap. 2.2) bereits beschrieben, dass knapp die Hälfte der jungen Menschen direkt vom Elternhaus ›auf die Straße‹ geht bzw. von den Eltern nicht mehr aufgenommen werden. Die andere Hälfte hat Erfahrungen mit

2.3 Ende bzw. Abbruch von stationärer Jugendhilfe

stationärer Erziehungshilfe, ggf. bereits eine sogenannte ›Jugendhilfekarriere‹ hinter sich, in der sich ›Straßen- oder Unterschlupfepisoden‹ mit Psychiatrieaufenthalten und Wohngruppenunterbringungen abwechseln. In diesem Kapitel wird dem nachgegangen, wie junge Menschen, die in stationären Hilfen zur Erziehung (HzE) untergebracht sind/waren, in die Wohnungslosigkeit gelangen. Dabei wird insbesondere auf die Bruchstellen geschaut, also warum junge Menschen die HzE verlassen oder – aus dem Hilfesystem heraus – Beendigungen eingeleitet werden. Die Ausführungen folgen der Annahme, dass sowohl die Aufnahme in öffentliche Hilfe als auch deren Ende biografische Einschnitte für junge Menschen sind.

Stationäre HzE sind familienersetzende Angebote nach § 34 SGB VIII. Sie haben das Ziel – entsprechend dem Alter und Entwicklungsstand des Kindes/des*der Jugendlichen sowie den Möglichkeiten der Verbesserung der Erziehungsbedingungen in der Herkunftsfamilie – eine Rückkehr in die Familie zu erreichen oder die Erziehung in einer anderen Familie vorzubereiten. Oder sie sollen eine auf längere Zeit angelegte Lebensform bieten und auf ein selbständiges Leben vorbereiten (Daigler, Rosenbauer & Struck 2020). Für manche junge Menschen ist eine stationäre Hilfe zur Erziehung ihre Rettung und mit dem Erleben eines sicheren Ortes verbunden. Andere dagegen erleben stationäre Jugendhilfe vor allem als zu ›verregelt‹, maßregelnd und damit als zu hochschwellig und nicht aushaltbar. Sie entscheiden sich dafür, sich diesem Druck und der erlebten Gängelung zu entziehen und die Hilfe abzubrechen.

Auch wenn stationäre Hilfen zunächst als Entlastung empfunden werden, können sie zunehmend als Zwangsmaßnahmen wahrgenommen werden, die nicht auf individuelle Bedürfnisse abgestimmt sind (Mögling, Tillmann & Reißig 2015, 38 ff.). Hinzu kommt das sich junge Menschen auf ständig wechselnde Bezugsbetreuer*innen einstellen müssen, was mit Abbrüchen von mühsam aufgebauten Vertrauensbeziehungen und Enttäuschungen einhergeht und Beziehungskontinuität verunmöglicht. So erzählt Dennis (anonymisiert) in einem Interview:

> »Ich hab Dach überm Kopf. Des war Hauptsache. Dach überm Kopf. Bezugsbetreuung – ist halt so, ist halt immer scheiße für den Jugendlichen, wenn dann der Bezugsbetreuer geht. Und ich bin hierhergekommen, und mein Bezugsbetreuer, der ist dann halt in Rente gegangen. Alles sch ... Dann hab ich 'nen neuen

> Bezugsbetreuer bekommen, der auch frisch ausgelernt war, der ist dann nach drei Monaten auch gegangen in 'ne andere Wohngruppe. Dann hatte ich wieder 'ne neue Bezugsbetreuerin. Die ist dann jetzt auch gegangen. Jetzt hab ich wieder 'nen neuen Bezugsbetreuer. Vier jetzt schon seit ich hier bin (schnaubt, lacht). Es wär halt schon schön, wenn man bei einem bleibt. Aber ich bin damit klargekommen. Aber natürlich gibt's dann auch Fälle, hab ich auch hier miterlebt, manche kommen nicht klar damit, wenn der Bezugsbetreuer plötzlich weg ist. […] Und es kann dann sein, dass die damit wieder alles kippen, was sie aufgebaut haben, da die eine Person weg ist« (Z. 381–408, in Fritz 2021, Anhang, 120–121).

Zudem erleben sie einen häufigen Wechsel bei der verantwortlichen Jugendamtsmitarbeitenden:

> »Bei den Hilfeplangesprächen zum Beispiel […] kommt zweimal im Jahr irgendwer vom Jugendamt […] – bei mir haben sie innerhalb von zwei Jahren sechsmal gewechselt […]. Die kommen dann an und meinen, sie wissen alles besser […] du musst das und das machen, darauf arbeiten wir hin, ja […] und denken, sie wissen alles von einem, weil sie es in der Akte gelesen haben. Und stempeln mich ab« (Sievers 2019, 15).

Die Hälfte aller HzE wird unplanmäßig beendet. Je jünger die Mädchen* und Jungen* sind, desto häufiger wird die Hilfe durch die Sorgeberechtigten beendet. In der Altersspanne zwischen zwölf und 15 Jahre brechen mehr Mädchen* (49,6 %) als Jungen* (41 %) ab und gehen wieder zurück in die Familie oder auf die Straße (Tornow, Ziegler & Sewing 2012). In dem (Jugend-)Hilfesystem sehen sie nicht die Instanz, die ihnen in ihrer aktuellen Lage beistehen oder angemessen helfen kann.

> »Ich bin freiwillig gegangen. Also mir war bewusst, dass wenn ich da geh, dass ich eine lange Zeit obdachlos bleiben werde. Mir war auch bewusst, dass es hart wird, aber ich dachte mir, ich nehme am besten all das in Kauf, anstatt hier mit Menschen zu leben, die mir wahrscheinlich irgendwelche Krankheiten, die ich nicht kenne, geben könnten« (IF2_m_20, Beierle & Hoch 2019, 315).

Sie machen aber auch Erfahrungen, im Hilfesystem nicht ausgehalten zu werden: Sogenannte fehlende Mitwirkung, das nicht Einhalten oder das Ignorieren von Regeln des Zusammenlebens, psychotische Schübe, (gesundheitsgefährdender) Drogenkonsum. Selbstgefährdung oder Gefährdung von Mitbewohner*innen, Angriffe auf betreuende Personen und häufiges ›Abgängig sein‹ führen zur Beendigung der Hilfe.

2.3 Ende bzw. Abbruch von stationärer Jugendhilfe

Das Phänomen des Verlegens und Abschiebens durch Institutionen der Jugendhilfe und der Kinder- und Jugendpsychiatrie wird oft mit dem Begriffen von »Drehtüreffekten« oder »Erziehungshilfekarrieren« beschrieben. Mathias Hamberger erläutert das Phänomen der Erziehungshilfekarriere folgendermaßen:

> »Unter einer Erziehungshilfekarriere verstehe ich [...] komplexe Hilfeverläufe, die sich deskriptiv durch mehrere Wechsel zwischen einzelnen Hilfeangeboten auszeichnen. Hilfeverläufe also in denen sich drei, vier, fünf und in einigen Fällen noch weitaus mehr Hilfestationen aneinanderreihen, in denen eine Vielzahl von Helfern, Einrichtungen und Dienste aktiv sind« (Hamberger 2008, 9).

Nicht zuletzt intensivieren diese Wechsel das Gefühl, keinen Ort zu haben, an dem man zuhause, ›gewollt‹ und ›richtig‹ ist.

> »Na, wo meine Mutter und meine Geschwister leben, also den Ort gibt es schon, aber ich gehöre halt nicht dazu, weil die mich nicht haben wollen. Deswegen war ich halt in drei, vier Heimen. Eins davon wurde irgendwann mein Zuhause, aber da musste ich ja auch irgendwann ausziehen. Und deswegen habe ich nicht so ein richtiges Zuhause« (IF1a_w_17, Beierle & Hoch 2019, 315).

> »Ja also, als ich bin bei meiner Mutter ausgezogen und war dann halt in vielen Heimen und Einrichtungen und hab mich da nicht wohl gefühlt und hab mich dann halt, dadurch, dass ich dann ... ja wenn, man sich da nicht wohl fühlt, dann hält man sich halt auf der Straße auf und ... ja schlussendlich war es dann so, dass ich dann ... na ja, ich wurd' dann ständig wieder ins Heim gebracht und ich bin dann da abgehauen und irgendwann war es dann so, dass das Jugendamt es mir dann auch nicht mehr finanziert hat, da war ich dann ganz auf der Straße ...« (Jennifer 19, Int. 4, Z. 3–9, in Mücher 2010, 159).

HzE werden zudem häufig mit der Vollendung des 18. Lebensjahres durch das örtliche Jugendamt beendet und dies, obwohl es die Möglichkeit der Hilfegewährung für junge Volljährige nach § 41 SGB VIII gibt.

§ 41 Absatz 1 Sätze 1 und 2 SGB VIII

Junge Volljährige erhalten geeignete und notwendige Hilfe nach diesem Abschnitt, wenn und solange ihre Persönlichkeitsentwicklung eine selbstbestimmte, eigenverantwortliche und selbständige Lebensführung nicht gewährleistet. Die Hilfe wird in der Regel nur bis zur Voll-

2 Ursachen für und Wege in die Wohnungslosigkeit

endung des 21. Lebensjahres gewährt; in begründeten Einzelfällen soll sie für einen begrenzten Zeitraum darüber hinaus fortgesetzt werden.

Das Schaubild (▶ Abb. 2) zeigt die Hilfegewährung nach Alter und verdeutlicht die Absenkung mit Vollendung des 18. Lebensjahres.

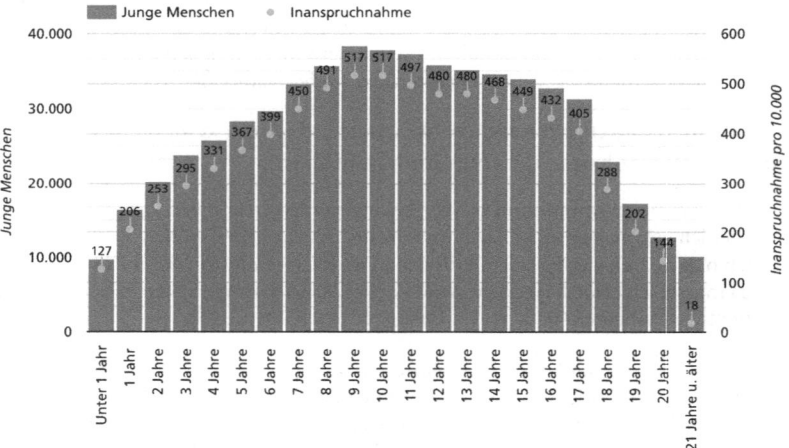

Abb. 2: Junge Menschen in HzE nach Altersjahren (AKJStat 2019a, o. S.)

Das Ende der Hilfe und damit der Übergang aus der Wohngruppe kann von den jungen Careleavern* sehr unterschiedlich, nämlich als normale Entwicklung, als ambivalent, als Befreiung oder als Rauswurf erlebt werden.

Eine Untersuchung in Karlsruhe zeigte, dass sich einige junge Menschen auf das Hilfeende freuen und von der Jugendhilfe ›die Schnauze voll haben‹. Gleichzeitig wird häufig nicht realistisch eingeschätzt, was bezüglich der Sicherung des Lebensunterhalts auf sie zukommt (Sievers 2019). Die befragten Fachkräfte forderten, dass öffentliche und freie Träger bei Hilfeende stärker und früher eine Existenzsicherung im Blick haben sollten und dies im Hilfeplan festgehalten sein muss. Die Jugendhilfe sei oftmals stärker auf ›weiche‹ Hilfepotenziale fokussiert als darauf, wovon die jungen Menschen nach dem Hilfeende konkret leben.

2.3 Ende bzw. Abbruch von stationärer Jugendhilfe

Auf den Punkt gebracht

- Es gibt nicht eine, sondern unterschiedliche Ursachen für entstehende Wohnungslosigkeit bei Jugendlichen und jungen erwachsenen Menschen.
- Wohnungslosigkeit kann in den überhitzten und überteuerten Wohnungsmärkten (fast) jede*n treffen. Meist ist sie verbunden mit Schicksalsschlägen, chronischen, gesundheitlichen Problemen, Herausfallen aus Erwerbstätigkeit und/oder psychischen Belastungen.
- Wohnungslosigkeit junger Menschen kann auch mit dem Wohnungsverlust der Eltern und damit der elterlichen Wohnung sowie in Folge einer ordnungsrechtlichen Unterbringung der Familie einhergehen.
- Bei jungen Menschen ist Wohnungslosigkeit häufig mit familiären Problemlagen, Gewalterfahrungen und verschiedensten Formen von Vernachlässigung verbunden. Vor diesem Hintergrund können sie nicht bei den Eltern/Elternteilen bleiben.
- Etwas mehr als die Hälfte der (erstmals) wohnungslosen jungen Menschen war bereits in HzE fremduntergebracht und hat zum Teil eine Erziehungshilfekarriere mit wechselnden Aufenthaltsorten und wechselnden Bezugspersonen hinter sich. 50% der stationären Jugendhilfen werden unplanmäßig beendet. Für einige junge Menschen, insbesondere für diejenigen, die bereits obdachlos waren, ist der Alltag in den Wohngruppen zu ›verregelt‹. Sie fühlen sich in ihren Bedürfnissen nicht ausreichend gesehen. Hinzu kommt, dass immer wieder auftretende Personalwechsel den Beziehungs- und Vertrauensaufbau erschweren.

Reflexionsfragen

- Worin liegt nach Lektüre dieses Kapitels Ihr spezifischer Erkenntnisgewinn? Welche Fragen treiben Sie um? Was hat Sie am meisten überrascht?

2 Ursachen für und Wege in die Wohnungslosigkeit

- Worin liegen für junge Menschen Schwierigkeiten bei der Beendigung von HzE, insbesondere beim Erreichen der Volljährigkeit?

Weiterführende Literatur

Beierle, Sarah & Hoch, Carolin (2019): Heute hier, morgen dort. Junge Menschen auf der Suche nach dem nächsten Dach über dem Kopf. In: Sozial Extra 43 (5), 313–317.

BAG W (Hrsg.) (2020): Familienunterstützende Hilfen zur Überwindung sozialer Schwierigkeiten nach § 67 ff. SGB XII in Wohnungsnotfällen. Berlin.

Sievers, Britta (2019): »Ich bin an erster Stelle – und nicht was mein Jugendamt möchte«. Haltungen und Bedarfe in der Arbeit mit jungen Menschen in der Jugend- und Wohnungslosenhilfe. In: Forum Erziehungshilfen 25 (1), 14–18.

3 Alltag und Bewältigungsleistungen in der Wohnungslosigkeit

☞ Überblick

Innerhalb der Wohnungslosigkeit gibt es einen Alltag und dieser ist zu gestalten. Der Alltag wird mit Hans Thiersch als Schnittstelle von Verhältnissen und Verhalten, von objektiven und subjektiven Faktoren verstanden: »Der Alltag ist im Konzept der Lebensweltorientierung ein zentraler Begriff und Ansatzpunkt. Lebensweltorientierung sieht die Menschen in der Alltäglichkeit ihrer Bewältigungsaufgaben und agiert in der Orientierung an ihnen. Sie sieht aber gleichsam dahinter und durch sie hindurch [...]. Die alltäglichen Bewältigungsmuster können als Vorderbühne verstanden werden, auf der Menschen sich in ihren Erfahrungen und Handlungsmustern bewegen und darin doch immer auch durch die strukturellen Bedingungen der Hinterbühne bestimmt sind. Auf der Vorderbühne des Alltags und ihrer spezifischen Spielregeln werden Probleme der Hinterbühne ausgetragen« (Thiersch 2020, 27). Für die Gestaltung und Bewältigung des Alltags werden Ressourcen und Überlebensstrategien benötigt, die in diesem Kapitel in vier verschiedenen Aspekten und Betrachtungen thematisiert werden.

Zunächst wird ein zentrales Moment der Wohnungslosigkeit junger Menschen aufgezeigt, nämlich deren Verdeckung und Unsichtbarkeit und die damit einhergehenden Strategien des Sich-unsichtbar-Machens (▶ Kap. 3.1). Anhand von vier Erzählungen junger Menschen werden Einblicke gegeben in das, was bedeutsam, schwierig und alltäglich zu bewältigen ist (▶ Kap. 3.2). Anschließend wird der Bedeutung der Zugehörigkeit und des Zusammenhalts, um in der Wohnungslosigkeit überleben zu können, nachgegangen. Dabei spielen nicht zuletzt Tiere/

Hunde als treue Vertraute eine wichtige Rolle (▶ Kap. 3.3). Zum Alltag und Überleben gehört auch Geld zu beschaffen, um zentrale Notwendigkeiten des Lebens finanzieren zu können. In der hier gebotenen Kürze werden verschiedene Formen der Geldbeschaffung aufgezeigt. Gesundheit ist ein wichtiges und ebenso fragiles Gut in prekären Lebenslagen wie der Wohnungslosigkeit. Der Zugang zur gesundheitlichen Grundversorgung ist häufig aus mehreren Gründen erschwert; gleichzeitig muss für sich und den eigenen Körper soweit Sorge getragen werden, dass das Überleben gesichert ist (▶ Kap. 3.4).

3.1 ›Unter dem Radar‹: Facetten verdeckter Wohnungslosigkeit

Couchsurfing, Sofa-Hopping

Junge wohnungslose Menschen bewegen sich häufig ›unter dem Radar‹, kommen ›irgendwo‹ unter und bleiben damit gesellschaftlich unsichtbar. Sie sind selten über längere Zeit ohne jegliches Obdach und campieren in Parks, unter Brücken etc. Häufig teilen sie miteinander organisierte Schlafplätze bei Privatpersonen bzw. Bekannten, bis sie dort wieder gehen müssen.

»*Couchsurfing, Sofa-Hopping*‹ ist sicherlich das größte Phänomen im Bereich Jugendwohnungslosigkeit. Es werden insbesondere bei Frauen Zwangsbeziehungen eingegangen. Also, ich kriege ein Dach über dem Kopf, muss dafür aber eine gewisse sexuelle Gegenleistung geben, also eine Quasi-Prostitution, das kommt natürlich auch vor. Oder bei Drogenabhängigkeit, dass die dann bei dem Dealer pennen und dem quasi ausgeliefert sind, also bei Suchererkrankungen im starken Maße« (André Neubert von Momo im Gespräch mit Stefan Wedermann, in Wedermann 2019, 29).

Verabredungen, die Vermittlung von Schlafplätzen, aber auch Geschäfte mit Drogen oder Prostitution werden zu weiten Teilen über Online-

Kommunikation organisiert. Überlebenshilfen wie bspw. Suppenküchen oder Wärmestuben werden häufig nur in größter Not aufgesucht. Zudem tragen Vertreibungspolitiken aus den öffentlichen Räumen mit zur Unsichtbarkeit bei. Maar kritisierte bereits 2006, dass die Polizei dazu benutzt werde, die immer deutlicher werdende Kluft zwischen Arm und Reich und die Symptome sozialer Verelendung zu kaschieren, indem mit ihrer Hilfe die Optik der Bahnhöfe und Fußgängerzonen »einkaufsbummelfreundlich« von Randgruppen »gesäubert« wird. Die Gewalt gegen Wohnungslose durch Vertreibung von den von ihnen genutzten öffentlichen Plätzen lässt sich in den Kontext des Funktionswandels des öffentlichen Raums vom Sozialraum hin zu einem ausschließlichen Wirtschaftsraum einordnen (Maar 2006, 24).

Nach Aussagen von Fachkräften handelt es sich bei den verschiedenen Möglichkeiten des privaten Mitwohnens nicht selten um prekäre Unterkünfte, bei denen die Grenzen zwischen Freund*in, Bekannten und Freier*in fließend sind. Diese Wohnarrangements bieten keine langfristige Wohnperspektiven mit eigenen Rückzugsorten.

Insbesondere Mädchen* und junge Frauen* wohnen häufiger und länger als junge Männer* in Unterschlupfmöglichkeiten bei Freund*innen und Bekannten mit, als dass sie sich in Einrichtungen der Wohnungsnotfallhilfe aufhalten. Gegenleistungen sind Hilfe im Haushalt oder Sex. Sexualisierte Gewalt, Entwertung und Übergriffe sind im Leben von Mädchen* und (jungen) Frauen* häufig bereits Gründe für das Weggehen aus den familiären Zusammenhängen und die Inanspruchnahme von Erziehungshilfen. Sie sind gleichzeitig aber auch Teil des Lebens ›auf der Straße‹ und nicht zuletzt auch Teil des Lebens in den gemischtgeschlechtlichen Einrichtungen der Wohnungsnotfallhilfe. Gewalterfahrungen und Gewaltverhältnisse sind stille Begleiter, die in ihrer Alltäglichkeit von den jungen Frauen* selbst bagatellisiert und verdeckt werden (müssen) und die gleichzeitig ausgesprochen und anvertraut werden wollen.

Die Maskerade des ›ganz normalen‹ Lebens

Eine andere Art und Weise, wie (junge) Menschen ihre Wohnungslosigkeit zum einen verdecken, zum anderen Alltag und Teilhabe aufrechterhalten, wird in dem Beispiel eines jungen Mannes* deutlich: Er geht trotz Obdachlosigkeit weiter zur Schule und hat sich durch die Mitgliedschaft in einem billigen Fitnessstudio eine Möglichkeit organisiert, regelmäßig zu duschen und einen Ort zu haben, an dem er sich länger aufhalten kann. Entgegen der landläufigen Annahme sind Menschen in Wohnungslosigkeit gerade nicht sofort an ihrer äußeren Verfassung und ›Verwahrlosung‹ zu erkennen, so die Rückmeldung von Fachkräften. Zwar gibt es unter jungen Menschen eine als solche erkennbare Szene, die sich an öffentlichen Plätzen aufhält. Dies spiegelt jedoch nur einen (kleineren) Teil der Realität und eine sehr spezifische Weise des sich Bewegens in öffentlichen Räumen und im Alltag wider. Insbesondere Frauen* versuchen so lange wie irgendwie möglich eine ›Fassade‹ und ein gepflegtes Äußeres aufrechtzuerhalten.

Der Stress des Untertauchens, um nicht aufgegriffen zu werden

Insbesondere Minderjährige sind zudem immer auch dem Stress ausgesetzt, aufgegriffen und in Folge zu ihren Eltern oder in die Jugendhilfeeinrichtung zurückgebracht zu werden. Auch dies erfordert verschiedenste Strategien und ein hohes Maß an Aufmerksamkeit, um Situationen des Aufgegriffen-Werdens entgehen zu können.

»Und dann auch immer diese Panik vor den Bullen, vor den Bahnhofsbullen. Also wenn se sagen, zeigen se mal Ihren Ausweis, ich hab keinen Ausweis mit, ich bin erst fünfzehn, mein Kinderausweis liegt zu Hause. Ja, dann sagen se, kommen se mal mit. Ich geh denen immer so gut wie möglich aus dem Weg« (Nicola, 15 Jahre, in Bodenmüller 1995, 98).

3.2 Kurze Erzählungen/Einblicke

Die vier Erzählungen stammen von jungen Menschen, die sich in der Selbstvertretung Momo in Essen engagieren[1]. Sie geben rückblickend Einblicke in den Alltag und die darin zu leistenden Bewältigungsaufgaben und zeigen vorhandene Ressourcen auf. Die genannten Aspekte werden in den folgenden Unterkapiteln vertieft.

Florian (22): »Heute male ich mir ein richtiges Spießerleben aus.«

Einen Alltag hat man auch auf der Straße: Wenn morgens um neun Uhr die Notschlafstelle dichtmacht, heißt es erst mal: Kohle organisieren. Also schnorren, klauen, Drogengeschäfte. Dann selbst trinken und rumlatschen, bis zwölf Stunden rum sind und die Notfallstelle wieder aufmacht. Ich bin damals so viel herumgelaufen, dass ich heute Arthrose im Knie habe. Manchmal habe ich mich in Parkhäuser oder Einkaufszentren gesetzt, wenn ich nicht rausgeschmissen wurde. Die meisten sehen Schnorrer nicht mal an. Man fühlt sich wie der Arsch der Gesellschaft. Aber ich war damals auch ein anderer Mensch. Das erste Mal obdachlos geworden bin ich mit 13. Ab da bin ich auch nicht mehr zur Schule gegangen und habe bis heute keinen Schulabschluss. Meine Mutter war Alkoholikerin und hat mich schwer misshandelt. Mit neun war ich das erste Mal im Heim. Ich habe etliche Jugendhilfeprojekte und Wohngruppen mitgenommen, bin aber immer angeeckt. Als ich 13 war, bin ich dort abgehauen, durfte aber noch nicht in die Notschlafstelle. Da habe ich in Sparkassen geschlafen oder mit dem Zelt an der Ruhr. Als ich 14 wurde, bin ich dann in die Notschlafstelle in Essen gekommen, da war ich dann fast zwei Jahre. Irgendwann war ich wieder eine Weile auf der Straße. Insgesamt dreieinhalb Jahre ging das so. Ich war wütend über meine Situation. Und habe die Wut mit Drogen bekämpft. Im Rausch habe ich andere so zusammengeschla-

---

1 Bundeszentrale für politische Bildung (Hrsg.) (2021): Zieht euch warm an. Unter: https://fluter.de/stra%C3%9Fenjugendliche-deutschland-bericht, Zugriff 05.12.2022.

gen, dass die ins Krankenhaus mussten. Das bereue ich heute. Irgendwann habe ich realisiert, dass ich nicht so weitermachen kann. Ich habe mich auf Entzug gesetzt und die Kurve bekommen. Mit 18 hatte ich dann meine erste Wohnung in Dortmund, jetzt wohne ich wieder in Essen. Inzwischen bin ich zufrieden, wenn ich abends mit dem Hund auf der Couch liege und einen Film schauen kann. Aktuell lebe ich noch von Hartz IV und beginne bald meinen Bundesfreiwilligendienst hier in Essen. Ich bin glücklich und male mir ein richtiges Spießerleben aus: hübsche Frau, Kinder, Auto, eine kleine Haushälfte mit Garten, geregeltes Einkommen. Am liebsten würde ich im sozialen Bereich oder als Handwerker arbeiten.

Tanja (21): »Auf der Straße gibt's schon Regeln. Die erste: Nicht alleine schlafen. Es gibt immer jemanden, der dich abfackeln will.«

Mit 14 bin ich ins Heim gekommen. Mit 17, mein Vater war gerade gestorben, habe ich beschlossen, nie dorthin zurückzugehen. Das Jugendamt hat mich in eine Düsseldorfer Notschlafstelle gebracht, den »Knackpunkt«, direkt um die Ecke vom Straßenstrich. Bis heute frage ich mich, wie man ein 17-jähriges Mädchen dort absetzen kann. Ich habe mich nie prostituiert. Aber ich bin eine Frau, und als Frau bekommt man von Männern viel ausgegeben. Da hatte ich Glück. Als ich dann im »Knackpunkt« Hausverbot bekommen habe, hing ich viel am Düsseldorfer Hauptbahnhof rum. Ich habe getrunken und geschnorrt. Wie oft ich den Spruch »Geh doch nach Hause zu deinen Eltern« gehört habe! Der hat wehgetan, weil ich mir immer dachte: »Wenn ich das könnte, säße ich nicht hier, inmitten einer Gruppe Junkies.« Dabei haben die noch am besten auf mich aufgepasst, sich immer darum gekümmert, dass ich was zu essen und zu trinken hatte – und sich erst einen Schuss gesetzt, wenn ich versorgt war. Auf der Straße, das habe ich von ihnen gelernt, gibt's schon ein paar Regeln. Die erste: Nicht alleine draußen schlafen, sondern in Gruppen. Es gibt immer Menschen, die dich abfackeln oder abstechen wollen. Jetzt habe ich eine Wohnung in Essen und hole demnächst meinen Hauptschulabschluss nach. Ich will Erzieherin werden.

Jasmin (27): »Als Frau ist es auf der Straße noch mal gefährlicher.«

Ich war schon immer viel draußen. Parks, Spielplätze und Jugendhäuser waren verlockender als eine Wohnung mit zwei alkoholkranken Eltern. Mit neun war ich ein halbes Jahr im Heim. Ich habe damals gesagt, dass ich nicht zurück in meine Familie möchte – und wurde trotzdem zurückgeschickt. Als ich mit 18 endlich mit meiner Freundin zusammenziehen konnte, war es plötzlich da: dieses Gefühl von Familie, das ich von zu Hause nicht kannte. Nach zwei Jahren ging die Beziehung zu Ende, ich musste ausziehen. Meine Mutter wollte mich nicht wiederaufnehmen. Da bin ich mit meinem Rucksack und den immerhin 150 Euro losgezogen, die sie mir monatlich überwiesen hat. Das Geld war schnell weg: Ich habe bei Freunden gepennt, tagsüber waren wir unterwegs, im Park, Leute sehen, Drogen nehmen, mit der Bahn mal hierhin, mal dorthin. Oft hatte ich wirklich Angst: Wir sind einmal in eine Höhle rein, um Drogen zu kaufen, und andere Abhängige haben uns mit dem Messer vor der Kehle erpresst. Als Frau ist es auf der Straße noch mal gefährlicher, weil du einfach anfälliger für Übergriffe bist. Greeny war mein Glück: Er hat sich oft hinter mich gestellt. Das macht nicht jeder. Eigentlich heißt es auf der Straße: Fressen oder gefressen werden. In dieser Zeit habe ich eine psychische Störung entwickelt, die mich im Alltag sehr behindert. Trotzdem habe ich meine Ausbildung als Masseurin und medizinische Bademeisterin abgeschlossen. Seit drei Jahren lebe ich mit meiner Freundin zusammen. Ich finde, dass Schulen und Jugendämter nicht genug hinschauen. Es gibt so viele Kinder, die aus ihren Familien raus müssten, aber nicht können. Es ist wichtig, dass man uns als Individuen wahrnimmt und nicht als eine Statistik. Dass man mit uns schaut, wie man die Situation verbessern kann, und nicht nach einem Schema abarbeitet. Das finde ich rückblickend am wichtigsten: Ich werde gehört. Ich habe eine Stimme.

Danny (23): »Freundschaften gibt es auf der Straße selten – es sind mehr Zweckgemeinschaften.«

Ich wurde mit 19 obdachlos. Damals habe ich meine Ausbildung als Kinderpfleger verloren und meine Mutter hat mich rausgeschmissen. Ich bin bei Freunden untergekommen und mit meinem letzten Geld nach Essen gefahren. Nach ein paar Tagen habe ich von der Notfallstelle erfahren. Dort habe ich knapp vier Jahre lang meine Nächte verbracht. Zwölf Stunden durfte man am Stück bleiben, im Warmen, in Sicherheit, sogar etwas zu essen gab es. Die Tage habe ich draußen irgendwie rumbekommen, nach ein paar Monaten auch mit Drogen. Außer Koks und Heroin hab ich wirklich alles genommen. Wenn die Notschlafstelle mal voll war, musste ich auf der Straße schlafen. Da kamen auch mal solche Sprüche wie: »Du kannst bei mir pennen, wenn wir miteinander schlafen.« Aber auf solche Angebote bin ich nicht eingegangen. Ich bin sehr introvertiert. Deshalb habe ich oft ganze Tage allein verbracht. Richtige Freundschaften gibt es auf der Straße selten – es sind mehr Zweckgemeinschaften. So richtig aufwärts ging es über drei Jahre nicht. Ich habe versucht, in Essen eine Wohnung zu finden. Aber es gab immer nur Absagen. Finanziert habe ich mich hauptsächlich über Hartz IV und Klauen. Zum Glück fand ich in der Familie eines guten Freundes eine zweite Familie. Seit einem Jahr habe ich eine Wohnung in Oberhausen und jobbe auf 450-Euro-Basis in einem Supermarkt. Dieses Jahr möchte ich meine Ausbildung als Kinderpfleger wiederaufnehmen. Mit meiner Mutter habe ich seit kurzem auch Kontakt. Aber meine Energie stecke ich jetzt erst mal in mich, meine Wohnung, meine Arbeit.

3.3 Szene als Ersatzfamilie, Zusammenhalt und Tiere als Vertraute

Junge Menschen, die von ihren Eltern oder aus der Wohngruppe weggehen oder dort nicht mehr bleiben dürfen, suchen einen sicheren Ort und eine neue Familie, zumindest eine neue Zugehörigkeit. Das Leben auf der Straße bzw. in Obdachlosigkeit wird dabei häufig als anstrengend und hart beschrieben. Die Szene wird zum einen als weniger falsch und Sicherheit gebend erlebt als Familie, auf die gezählt werden kann, in der aufeinander

3.3 Szene als Ersatzfamilie, Zusammenhalt und Tiere als Vertraute

aufgepasst und Schutz gegeben wird. Sie wird zudem als Ort erlebt, an dem nicht wichtig ist, wie du aussiehst, und nicht kommentiert wird, was du anhast. Zusammenhalt, Freundschaft und Ehre sind wichtige und moralisch aufgeladene Güter. Jugendliche und junge Erwachsene, so die Studie von Karina Fernandez, gehen eine Reihe von Risikoverhaltensweisen ein, um den Zusammenhalt zu stärken (Fernandez 2015, 266).

Zum anderen ist die Szene ein Ort von Gefahren und Gewalterfahrungen, an dem aufgepasst werden muss, mit wem man befreundet ist. Das Leben in Obdachlosigkeit changiert also zwischen Solidarität/Ersatzfamilie und Bedrohung bzw. Übergriffen.

Viele Wohnungslose haben Enttäuschungen in engen Beziehungen erlebt. Tiere, insbesondere Hunde, sind vor diesem Hintergrund wichtige, verlässliche und treue Gefährten, die auch Trost spenden und über Verletzungen hinweghelfen helfen können. »Mit dem Hund wird eine neue ›kleine Familie‹ geschaffen – eine Lebensgemeinschaft«, so Martina Bodenmüller, aus deren Praxiserfahrungen als Streetworkerin sich die weiteren Beschreibungen ergeben haben (Bodenmüller 2012, 205). Auch wenn junge Wohnungslose vielfältige Kontakte innerhalb einer Szene haben, nehmen die Außenkontakte meistens mit andauernder Wohnungslosigkeit ab. In Phasen der Isolation können Tiere dann eine wichtige Stütze sein und die Funktion eines Gesprächspartners übernehmen, denen Ängste und Sorgen erzählt werden.

Einen Hund zu halten, bedeutet auch, so Bodenmüller, dass für ein anderes Lebewesen Verantwortung zu übernehmen ist. Dies verlangt eine Tagesstruktur und ein gewisses Maß an vorausschauender Lebensplanung. Die Verantwortung für ein Tier kann auch hilfreich sein, um für jeden Tag eine Aufgabe zu haben, für die es sich zu leben lohnt. Ein Hund kann beim Draußen-Schlafen auch als Schutz dienen und die Wahrscheinlichkeit, angegriffen zu werden, mindern. Zudem nehmen Hunde in Streit- und Konfliktsituationen Bedrohungen gegen ihre Besitzer*innen wahr und verteidigen diese. Darüber hinaus wärmen sich Hund und Mensch gegenseitig in kalten Nächten.

Ein anderer Effekt ist, dass Tiere Einsamkeit verringern und Gespräche, also das in Kontakt kommen, erleichtern. Tiere bieten sich als Gesprächsthema an. Zwar bekommen Wohnungslose auch zu hören, dass es unverantwortlich sei, in ihrer Situation ein Tier zu halten – vielfach gibt es aber positive und interessierte Rückmeldungen. Aus ›Mitleid‹ mit den Tieren kaufen manche Wurst für die Hunde oder sprechen ihre Halter*innen an. Viele Wohnungslose berichten auch darüber, dass das Betteln mit Hund einfacher und einträglicher sei und gerade mit kleinen Hunden oder Welpen ihre Betteleinnahmen deutlich höher seien. Demgegenüber stehen die tatsächlichen Kosten der Hundehaltung. Dennoch: Für etliche ist es leichter, mit einem Hund zu betteln, da sie dadurch vermitteln, dass sie das Geld nicht nur für sich verwenden, sondern auch für das Tier.

In der folgenden Erzählung erläutert Laura (anonymisiert) die emotionale Bedeutung, die ihre Hunde für sie haben, aber auch, wie sie ein ›Klotz am Bein‹ werden können oder der Zugang zu Hilfen dadurch erschwert ist.

Erzählung von Laura – »Mein Rucksack und meine Hunde waren alles, was ich hatte!« (2020, aus: Forum Erziehungshilfen, Ausgabe 5, Jahr 2020, 275–277)

Mein Leben ist nicht so gradlinig wie bei den meisten Menschen verlaufen. Ich bin wegen der belastenden Situation zu Hause sehr früh auffällig geworden. Schon mit elf Jahren fing ich an zu rauchen und zu trinken. Ich habe häufig die Schule geschwänzt und in der 8. Klasse bin ich sitzengeblieben. Ich bin oft für ein paar Tage von zu Hause weggelaufen und wurde häufig von der Polizei aufgegriffen. […] Meine Familie hat mein Verhalten ignoriert und sich selbst eingeredet, es sei nur eine Phase. In der Schule gab es natürlich auch viele Probleme. Meine Lehrer haben mein Verhalten nur als störend empfunden und nicht hinterfragt, warum ich mich so verhalte. […]

Mit 13 Jahren wurde mir bewusst, wenn ich weiter zu Hause bleibe, werde ich das nicht überleben. Also bin ich zum Jugendamt gegangen, um eine andere Wohnmöglichkeit zu bekommen. Die Sozialarbeiterin hat mich aber nicht ernst genommen. Sie rief bei meinen Eltern an. Diese sagten zu ihr, dass zu Hause alles okay wäre. Ich bekam also keine Hilfe vom Jugendamt und entschied mich dafür, erst einmal auf der Straße zu leben. In der Anfangszeit war ich viel in W. und D. unterwegs. In W. habe ich in einem besetzten Haus geschlafen und in D. gebettelt. Nach ca. zwei Wochen auf der Straße hat ein kleiner ›Jack Russel Mix‹

3.3 Szene als Ersatzfamilie, Zusammenhalt und Tiere als Vertraute

seinen Weg zu mir gefunden. Er war körperlich und psychisch in einem sehr schlechten Zustand und sehr aggressiv. Ich habe ihn trotzdem sehr schnell in mein Herz geschlossen. Schon nach kurzer Zeit wurde er zu meinem besten Freund und Beschützer. Er hat nicht zugelassen, dass sich jemand meiner Platte nähert. Auch wenn jemand plötzlich von hinten auf mich zukam, hat er mich gewarnt und denjenigen weggebissen. Wir haben gegenseitig aufeinander aufgepasst und uns das Leben gerettet. Ich habe nie harte Drogen genommen und auch nur noch geringe Mengen Alkohol getrunken, weil ich wusste, ich muss noch für meinen Hund da sein.

Nach drei Monaten auf der Straße wurde ich vormittags in D. vom Ordnungsamt mitgenommen. Im ersten Moment dachte ich, die wollen sich beschweren, weil ich Alkohol getrunken hatte. Sie wollten aber wissen, warum ich nicht in der Schule bin. Die Frau vom Ordnungsamt rief daraufhin bei meiner alten Schule an. Doch dort war ich nicht mehr gemeldet. [...] Die Beamten haben mich dann erst einmal mitgenommen, um meine Situation zu klären und meine Eltern zu kontaktieren. Meinen Hund durfte ich nicht mitnehmen. Ihn habe ich bei einem Freund gelassen, mit dem ich gerade am Betteln war. [...] Nach diesem Gespräch wurde ich nach Hause gefahren. Es kam niemand mit zu meinen Eltern rein. Ich wurde vor der Haustür abgesetzt und die Beamten sind wieder gefahren. Zu Hause habe ich etwas gegessen und 20 Euro bekommen. Anschließend bin ich wieder nach D. auf die Straße gefahren. Vielleicht hätte ich sogar eine Nacht bei meinen Eltern geschlafen, aber ich wollte wieder zu meinem Hund.

Nach diesem Erlebnis hatte ich mein letztes Vertrauen in unsere Gesellschaft, den Staat, das Hilfesystem und eigentlich jeden Erwachsenen verloren. Denn meine Jugendzeit war geprägt von Erwachsenen, die mir sagten, dass ich nichts kann, nichts sei, nichts wert bin und sich auch niemals etwas an meiner Situation ändern würde, wenn ich mich nicht füge. So wurden meine Hunde (mittlerweile zwei) zu meinen einzigen ›Bezugspersonen‹. Sie sind die Lebewesen, die mir auf dieser Welt alles bedeuten und mir die Kraft zum Weiterleben gaben. Leider sorgten die Hunde aber dafür, dass ich für keine Hilfemaßnahme in Frage gekommen bin, da eine Unterbringung mit zwei Hunden ebenso wie tiergestützte Pädagogik in den Einrichtungen nicht vorgesehen ist.

3 Alltag und Bewältigungsleistungen in der Wohnungslosigkeit

Ich entschied mich dann nach H. zu fahren, um weiter weg von meinem Elternhaus zu sein und noch etwas mehr von Deutschland zu sehen. In H. habe ich schnell Anschluss zu anderen Obdachlosen gefunden, die mich mit zur X-Brücke genommen haben, die in den nächsten Monaten mein Zuhause wurde. Auch in H. wurde ich öfter von der Polizei aufgegriffen, da für mich eine Vermisstenanzeige vorlag. Wieder wurden meine Hunde und ich mit zur Polizeiwache genommen, um dort auf eine Fachkraft des Kinder- und Jugendnotdienstes (KJND) zu warten. [...]

Der KJND bot mir an, meinen Hund ins Tierheim zu bringen. Ich würde dann umgehend einem Platz im Heim bekommen. Eine Unterbringung mit Hund sei nicht möglich. Ich musste mich also entscheiden: meine Hunde abgeben oder zurück auf die Straße. Ich entschied mich jedes Mal für die Straße, da meine beiden Hunde und ein Reiserucksack mit meinen Sachen drin alles waren was ich hatte.

Zwei Wochen sind mir besonders im Gedächtnis geblieben: Es war Winter, ich hatte eine Lungenentzündung und habe mit meinen Hunden trotzdem draußen geschlafen. Ich wurde immer kränker und die Kälte war kaum auszuhalten. Wenn ich morgens aufgewacht bin, hatten meine Hunde Durst, weil ihr Wasser über Nacht eingefroren war. Ich war verzweifelt, hatte starke Schmerzen und wusste nicht, an wen ich mich wenden sollte. Ich habe mich auch nicht getraut ins Krankenhaus zu gehen, da ich meine Hunde nicht allein lassen wollte. [...] Auch heute noch leide ich an einer chronischen Bronchitis als Spätfolge der Lungenentzündung. Eine Notschlafstelle, wo Haustiere erlaubt sind, wäre für mich damals eine große Hilfe gewesen.

Meine Hunde sind ein Teil von mir geworden. Durch sie habe ich gelernt, Verantwortung zu übernehmen und das nicht nur für sie, sondern auch für mich selbst. Sie haben mir beigebracht, was es heißt, bedingungslos geliebt zu werden. Sie haben mir geholfen, meine Gefühle zu regulieren. Dies hätte ich eigentlich durch meine Eltern erfahren und lernen müssen. Ich bin mir sicher, dass ich das Leben auf der Straße nicht ohne meine Hunde überlebt hätte. Sie abzugeben war deshalb für mich keine Option.

Es gibt viele junge Menschen, deren Lebensmittelpunkt die Straße ist und die von Hunden begleitet werden. Um ihnen helfen zu können, muss die Bindung zwischen ihnen und ihrem Hund ernst genommen und bei der Hilfeplanung berücksichtigt werden. Denn nach all den traumatischen Erlebnissen helfen die Tiere dabei, das Erlebte auszuhalten. Sie schenken Hoffnung, Kraft, Motivation und am allerwichtigsten für junge Menschen in solch prekären Lebenssituationen: bedingungslose Liebe. Etwas, das die meisten von uns nicht kennen. Es ist deswegen umso wichtiger für uns. Eine Notschlafstelle mit der Möglichkeit, seine Tiere mitzubringen, hätte mir damals sehr geholfen. Vor allem im Winter, wenn es draußen friert, kann eine Schlafstelle überlebenswichtig für die Jugendlichen sein. Hunde spielen für ein Straßenkind wie mich sehr häufig eine existenzielle Rolle. Es dient uns und mir nicht dazu, besser schnorren zu können oder als Zeitvertreib. Sie sind oftmals die wichtigsten Begleiter in unserem Leben. Sie müssen Beachtung finden, um uns langfristig helfen zu können.

3.4 Geld beschaffen, Gesundheit und Überleben

Nachdem junge Menschen irgendwie in den Tag gekommen sind, ist ›schnorren gehen‹ i. d. R. die erste und zentrale Tätigkeit des Tages. Es muss das beschafft werden, was es für den täglichen Bedarf braucht (Lebensmittel etc.). Einige stocken ihre Einnahmen durch das Sammeln von Pfandflaschen auf. Nach Angaben der DJI-Studie (Beierle & Hoch 2018) lebt ein nicht unerheblicher Teil (36,1 %) hauptsächlich von staatlicher Unterstützung, was in diesem Zusammenhang i. d. R. Arbeitslosengeld II bedeutet. Dabei handelt es sich überwiegend um volljährige junge Erwachsene und wohnungslose (nicht obdachlose) Menschen.

Der Alltag in Obdach- und Wohnungslosigkeit ist häufig mit Alkohol- und Drogenkonsum verbunden, der laufend finanziert werden muss. Etliche junge Menschen beschreiben die Tätigkeiten als ständigen Kreislauf von Geld beschaffen, Drogen beschaffen, Konsumieren, Geld beschaffen.

3 Alltag und Bewältigungsleistungen in der Wohnungslosigkeit

›Schnorren‹ und Flaschensammeln sind i.d.R. dafür nicht ausreichend und müssen ergänzt werden durch Klauen oder Prostitution.

»Ging ja nicht anders, wenn du auf der Straße lebst, Ich hab geklaut wie ein Rabe […] ich hab alles gemacht, ich hab wirklich so Sachen geklaut so und verkauft, so Anziehsachen oder Geräte, alles unter der Hand […]. War nie die Welt an Geld, aber mir hat das schon wieder ein paar Tage weitergeholfen. […] und dementsprechend hab ich dann meine Vorstrafen gehabt, na, ich war oft genug noch minderjährig, so dass die mir gar nichts konnten und so mit vierzehn bin ich dann auch 'ne Zeitlang eingefahren« (Tina, in Bodenmüller 1995, 94).

Da gerade in der Beschaffungsprostitution die Preise pro Kunde gedrückt werden und damit niedrig sind, müssen viele Kunden bedient werden, um z.B. eine Sucht finanzieren zu können.

Die Bedingungen des Lebens in Wohnungslosigkeit und insbesondere das Leben ›auf der Straße‹ führen dazu, dass das Immunsystem geschwächt wird und Krankheiten verstärkt auftreten können. Viele junge Menschen leiden zudem unter diversen, oft nicht behandelten Vorerkrankungen. Die Bedingungen des Straßenlebens beeinflussen auch Krankheitsverläufe, da sich u.a. ärztliche Empfehlungen wie die, sich im Krankheitsfall zu schonen oder regelmäßig Medikamente einzunehmen, ›auf der Straße‹ nicht einhalten lassen (Flick & Röhnsch 2008). Die Erfahrung in der gesundheitlichen Versorgung wohnungsloser Menschen ist, dass je länger Menschen obdachlos sind, desto eher nehmen sie Erkrankungen hin, ohne ärztliche Hilfen in Anspruch zu nehmen. Sie sehen sich häufig erst selbst als krank an, wenn sie zusammenbrechen und die Erkrankung das weitere Überleben ›auf der Straße‹ in Frage stellt. Der Zugang zum medizinischen Hilfesystem erweist sich oftmals für sie als zu hochschwellig (Termine ausmachen und einhalten u.v.m.). Viele junge Menschen in Wohnungslosigkeit sind zudem nicht krankenversichert.

Nach Flick und Röhnsch leiden junge Menschen ›auf der Straße‹ nicht nur unter körperlichen Beschwerden, sondern sie haben auch hohe Risiken, psychisch zu erkranken. In der Verbindung von psychischer Erkrankung und Abhängigkeitserkrankung sind die Ursache-Wirkungs-Zusammenhänge meist nicht eindeutig. Es finden sich Belege dafür, dass ein intensiver, in die Abhängigkeit mündender Alkohol- und Drogenkonsum dafür ›benutzt‹ wird, um bestehende psychische Belastungen und Beeinträchtigungen unter Kontrolle zu halten. Ebenso finden sich Belege dafür,

3.4 Geld beschaffen, Gesundheit und Überleben

dass psychische Beeinträchtigungen Folgen des vorausgehenden Substanzmittelgebrauchs sind (Flick & Röhnsch 2008, 50). Substanzgebrauch ist ein integrales und konstitutives Element der Lebenswelt Straße. Substanzen dienen als vermeintlicher Wärmespender und Nahrungsersatz ebenso wie dafür, erlebte Diskriminierungen zu verarbeiten. Sie erfüllen auch das Bedürfnis, ›auf der Straße‹ Spaß miteinander zu haben und Abenteuer zu erleben. Starker Substanzmittelkonsum führt aber auch dazu, dass geeignete Ernährung, Versorgung von Wunden und dem Wetter (Kälte etc.) angemessene Kleidung in Vergessenheit geraten (ebd.).

Mit dem Konsum harter Drogen sind auch Erfahrungen verbunden, dass Freund*innen zu Tode kommen, was traumatisierend sein können und was es zu bewältigen gilt. So erzählt Jennifer, eine junge Frau mit Kleinkind, vom Verlust einer wichtigen Freundin, und dass sie versucht hat, den Verlust mit Drogenkonsum zu bewältigen:

»J: ja und ich hatte damals eine Freundin, die war mir verdammt wichtig. Die war wirklich sehr wichtig für mich. Und ich hab sie kennen gelernt, da hat sie keine Drogen genommen und im Laufe der Zeit hat sie dann Drogen genommen. Sie hat mir immer noch geholfen, das zu schaffen, mit Björn (heroinabhängiger Freund), der immer so viel Chaos gemacht hat, immer das noch alles aufrecht zu erhalten.
I: Trotzdem, dass sie Drogen genommen hat?
J: … ja, sie hat versucht … mir zu helfen und sie war eigentlich, sie hat so was wie eine Vaterrolle übernommen und gleichzeitig hat sie aber auch noch ein anderes Leben gehabt und das hat sie nicht auf die Reihe gekriegt und hat sich dann, als meine Tochter zehn Monate alt war, umgebracht. Also mit 'ner Überdosis. Und dann. Ich hab seit der Geburt meiner Tochter keine Drogen mehr genommen und … dann, als sie gestorben ist und dadurch, dass mein Umfeld auch Drogen genommen hat, hab ich dann, weil ich einfach nicht mehr klar kam, hab Heroin angefangen zu nehmen […]« (Jennifer 19, Int. 4 Z.196–210, in Mücher 2010, 161 f.).

Sexualität wird insbesondere in Verbindung von Substanzmittelkonsum ohne Verhütung oder rechtzeitige Verhütung gelebt. Auf die ›Pille danach‹ besteht nicht immer Zugriff oder er wird nicht organisiert, so dass Schwangerschaften für junge wohnungslose Frauen nicht selten mit Abtreibungen verbunden sind oder damit, dass sie das Kind nach der Geburt abgeben (müssen). Eine Alternative dazu ist das Leben in einer Mutter-Kind-Einrichtung. Es kann davon ausgegangen werden, dass die Entscheidung der jungen Frauen* dafür nicht immer freiwillig erfolgt, sondern damit vielmehr drohende Alternativen wie anstehender Strafvollzug aufgrund von Delikten, bspw. aus Beschaffungskriminalität etc., oder Fremdplatzierung des Neugeborenen abgewendet werden können (zum Diskurs über Stigmatisierungen als »Risiko-Mutter«: Klein, Ott, Seehaus & Tolasch 2018, Ott 2017).

In der Praxis der Jugendsozialarbeit wird auch wahrgenommen, dass gerade bei jungen Männern* wie jungen Frauen* mit sehr brüchigen Biografien Sehnsüchte nach einer ›klassischen‹ Familie und nach einem geordneten, ›spießigen‹ Leben bestehen (siehe auch die Erzählung von Florian, ▶ Kap. 3.2). Schwangerschaften können auch dazu führen, sich von bisherigen Szenen zu verabschieden und gesünder leben zu wollen. So erzählt Jennifer – die Tochter ist fremduntergebracht – von ihrer Entscheidung vor dem Hintergrund ihrer zweiten Schwangerschaft:

> »Und ja, dann war ich schwanger mit Jan und wollte ihn eigentlich erst abtreiben, aber wollte eigentlich auch nicht und … wollte ihn halt abtreiben, weil ich dachte, das Jugendamt sagt was, wenn ich jetzt schwanger bin … und wegen meiner Tochter. Und die waren eigentlich ganz begeistert davon und daraufhin war ich froh und konnte ihn behalten und … ja und dann … war ich, na ja ich wollte ihn behalten und hab dann gedacht, ich muss was tun. Und da haben wir halt gesagt, wir lassen uns substituieren« (Jennifer 19, Int. 4, Z. 322–328, in Mücher 2010, 169).

Auf den Punkt gebracht

- Wohnungslosigkeit von jungen Menschen findet primär nicht öffentlich statt. Unterschlupfmöglichkeiten bei Freund*innen und Bekannten sichern das Überleben, sind Ausdruck von Solidarität innerhalb der Szene, sind aber ebenso Orte der Übergriffe, der Ausbeutung und der Gewalterfahrungen.
- Innerhalb der Wohnungslosenszene gibt es Erfahrungen, eine Ersatzfamilie gefunden zu haben, gibt es Schutz ebenso wie neue Ausstoßungserfahrungen.
- Tiere, insbesondere Hunde, sind wichtige Vertraute für junge Wohnungslose. Deren Bedeutung muss verstanden und in den Hilfesystemen mitberücksichtigt werden.

3.4 Geld beschaffen, Gesundheit und Überleben

- Das Überleben, insbesondere in Obdachlosigkeit, ist verbunden mit fortlaufenden Überlegungen wie ausreichend Geld organisiert werden kann. Der Stress erhöht sich, wenn die eigene Sucht damit finanziert werden muss. Geldbeschaffungsformen sind hierbei heterogen (Schnorren, Flaschensammeln, Körper/Sex verkaufen, Einbrüche ...).
- Zu Gesundheitsverhalten und -vorstellungen von jungen Menschen in Wohnungslosigkeit gibt es begrenzt Studien. Es kann davon ausgegangen werden, dass der Umgang mit Gesundheit riskant ist und Zugänge zur gesundheitlichen Versorgung erschwert sind.

Reflexionsfragen

- Gab es Informationen, die mit Ihrer bisherigen Vorstellungen von Wohnungslosigkeit nicht übereinstimmen? Hat sich durch die Lektüre Ihr Bild über die Lebenswelt von jungen Wohnungslosen verändert?
- Stellen Sie sich vor, Sie würden ein Gespräch mit einem jungen wohnungslosen Menschen führen. Was wären die drei Fragen, die Sie zum Alltag und zur Bewältigung des Alltags auf jeden Fall stellen wollen?

Weiterführende Literatur

Bodenmüller, Martina (2012): Hunde auf der Straße – Gefährten für wohnungslose Menschen. In: Jutta Buchner-Fuchs & Lotte Rose (Hrsg.): Tierische Sozialarbeit. Ein Lesebuch für die Profession zum Leben und Arbeiten mit Tieren (201–124). Wiesbaden: Springer VS.

Flick, Uwe & Röhnsch, Gundula (2008): Gesundheit auf der Straße. Gesundheitsvorstellungen und Umgang mit Krankheit im Kontext von Jugendobdachlosigkeit. Weinheim & München: Juventa.

Laura (2020): »Mein Rucksack und meine Hunde waren alles, was ich hatte!« Erfahrungsbericht aus Adressat*innensicht. In: Forum Erziehungshilfen 26 (5), 275–277.

4 Selbstvertretung und Peerberatung durch junge Wohnungslose

☞ **Überblick**

Die Mehrheit der deutschen Studien zu Wohnungslosigkeit beschäftigt sich mit den Ursachen für Wohnungslosigkeit oder aber mit dem Hilfesystem und seinen Wirkungen. Die Perspektiven und Expertisen der Betroffenen treten dahinter deutlich zurück. Susanne Gerull formuliert:

> »Immer wieder erfahre ich von ehemals wohnungslosen Menschen, dass sie teilweise ganz andere Faktoren und Einflüsse als ursächlich für ihre Wege aus der Wohnungslosigkeit ansehen als die sie unterstützenden Sozialarbeiter_innen. Das Hilfesystem begreifen sie in diesen Fällen oftmals nur als begleitende Hilfestellung (oder sogar Hindernis) auf diesem Weg« (Gerull 2016, 4).

Auch in der Praxis der Sozialen Arbeit wird nach wie vor allem über und für (benachteiligte) Menschen gesprochen und dabei angenommen, ein Sprachrohr für diese zu sein, d. h. stellvertretend für deren Interessen und Bedarfe zu sprechen. Auch ist selbstverständlich, dass Sozialarbeitende primär ›für‹, aber nicht ›mit‹ Adressat*innen Konzepte entwickeln. Rückmeldungen von Adressat*innen werden, wenn überhaupt dann häufig bezogen auf Wirkungs- und Passungsfragen eingeholt, mit der Gefahr, damit auf solche eingekürzt zu werden. Zu wenig wird sich konsequent rückversichert und fortlaufend miteinander gesprochen, ggf. auch gestritten. Gruppen, die sich als selbstorganisierte Gruppen und Selbstvertretung junger Menschen verstehen, werden bislang nur ansatzweise als solche anerkannt und eingebunden.

In diesem Kapitel werden selbstorganisierte Zusammenschlüsse, Netzwerke und politische Selbstvertretungen von jungen Menschen in prekären Lebenssituationen in ihrem jeweiligen Ansatz und ihrer Organisationsform vorgestellt (▶ Kap. 4.1). In einem zweiten Teil werden Peer-to-Peer-Ansätze angesprochen und darauf eingegangen, welche Notwendigkeiten der Stärkung der Adressat*innenperspektiven in aktuellen Diskursen formuliert werden (▶ Kap. 4.2).

4.1 Selbstvertretung

Stimmen von Adressat*innen zu stärken und hörbar werden zu lassen, sind wichtige Ansatzpunkte und Funktionen Sozialer Arbeit. Adressat*innen sind Expert*innen in eigener Sache, denen nicht selten bewusst oder unbewusst abgesprochen wird, dass sie sich ausreichend äußern können und wollen und sich selbst vertreten können. Mit dem Kinder- und Jugendstärkungsgesetz (KJSG), das am 10. 06. 2021 in Kraft getreten ist, wurde im SGB VIII (Kinder- und Jugendhilfe) eine Rechtsgrundlage geschaffen, wonach selbstorganisierte Zusammenschlüsse und Selbstvertretungen junger Menschen gestärkt, sichtbar gemacht, angeregt und gefördert werden sollen. Die Betonung liegt dabei auf selbstorganisiert, also nicht auf durch die Soziale Arbeit wohlmeinend initiiert und konzipiert.

§ 4a SGB VIII: Selbstorganisierte Zusammenschlüsse zur Selbstvertretung

(1) Selbstorganisierte Zusammenschlüsse nach diesem Buch sind solche, in denen sich nicht in berufsständische Organisationen der Kinder- und Jugendhilfe eingebundene Personen, insbesondere Leistungsberechtigte und Leistungsempfänger nach diesem Buch sowie ehrenamtlich in der Kinder- und Jugendhilfe tätige Personen, nicht nur vorübergehend mit dem Ziel zusammenschließen, Adressatinnen und Adressaten der Kinder- und Jugendhilfe zu unterstützen, zu begleiten

und zu fördern, sowie Selbsthilfekontaktstellen. Sie umfassen Selbstvertretungen sowohl innerhalb von Einrichtungen und Institutionen als auch im Rahmen gesellschaftlichen Engagements zur Wahrnehmung eigener Interessen sowie die verschiedenen Formen der Selbsthilfe.

(2) Die öffentliche Jugendhilfe arbeitet mit den selbstorganisierten Zusammenschlüssen zusammen, insbesondere zur Lösung von Problemen im Gemeinwesen oder innerhalb von Einrichtungen zur Beteiligung in diese betreffenden Angelegenheiten, und wirkt auf eine partnerschaftliche Zusammenarbeit mit diesen innerhalb der freien Jugendhilfe hin.

(3) Die öffentliche Jugendhilfe soll die selbstorganisierten Zusammenschlüsse nach Maßgabe dieses Buches anregen und fördern.

Mit dieser Rechtsgrundlage ist nicht nur verbunden, dass junge Menschen in ihren eigenen Angelegenheiten mitangehört werden und sie mitwirken dürfen bzw. müssen. Sie sind konsequent einzubeziehen, zu hören und Zusammenschlüsse sind anzuregen. Damit ist nicht zuletzt auch eine Grundlage für eine machtkritische Reflexion der Jugendhilfe gelegt.

Die Einsetzung des § 4a SGB VIII kann ggf. als Anerkennung und Wertschätzung der langjährigen Arbeit der existierenden Selbstvertretungen gewertet werden. Aber es schließen sich an diese Rechtsgrundlage auch kritische Fragen an (Rosenbauer & Schruth 2023). Wer kann denn eigentlich für wen sprechen? Wer kann als Selbstvertretungen von jungen Menschen in ihrer Heterogenität anerkannt werden? Werden Selbstvertretungen dann innerhalb der Hilfesysteme und von den politischen Vertreter*innen anerkannt, wenn sie sich gut in das Gegebene einspielen können, sich den Verfahren und der Sprache etc. anpassen? Welche Irritationskraft lässt das Hilfesystem wirklich zu?

Auf drei der bekanntesten Selbstvertretungen wird an dieser Stelle eingegangen. Diese werden kurz in ihrer Organisationsform und ihrer Zielsetzung erläutert; darüber hinaus wird auf deren Auftritte in den sozialen Medien hingewiesen.

Careleaver e. V.

Careleaver e. V. ist nach eigenen Angaben ein Zusammenschluss junger Menschen aus Einrichtungen der Kinder- und Jugendhilfe und Pflegefamilien, die sich auf dem Weg in die Selbständigkeit µnterstützen und für ihre Rechte eintreten. Als Careleaver werden im englischsprachigen Raum junge Menschen bezeichnet, die einen Teil ihres Lebens in stationären Erziehungshilfen verbracht haben und vor dem Übergang in ein selbständiges Leben stehen oder bereits die Zuständigkeit der Kinder- und Jugendhilfe verlassen haben.

In den Diskursen der Hilfen zur Erziehung (HzE) und insbesondere zu den Hilfeenden mit Volljährigkeit, hat sich ab den 2010er Jahren in Deutschland Careleaver e. V. Gehör verschafft und sich bis hin zu einer eigenen Geschäftsstelle organisieren können. Skandalisiert wurde durch Careleaver e. V. die (oftmals abrupte) Beendigung der stationären Erziehungshilfen durch die kommunalen Jugendämter mit Vollendung des 18. Lebensjahres und eine damit einhergehende fehlende Begleitung des Übergangs sowie eine fehlende Comeback-Option. Careleaver e. V. positioniert sich gegen geschlossene Unterbringung (GU) und hat im SGB-VIII-Reform-Prozess eine geringere Kostenbeteiligung an den Hilfen für junge Menschen durchsetzen können (max. 25 % des Einkommens statt zuvor 75 %). Zudem wurde unter Anhörung von Careleaver e. V. in § 36b SGB VIII eine rechtliche Verpflichtung zur Übergangsplanung eingeführt.

Neben dem Anliegen, sich in Jugendhilfe(-politische)-Diskurse einzubringen und sich mit der eigenen Expert*innenschaft zu vertreten, will Careleaver e. V. auch informelle unterstützende Netzwerke von Careleavern* für Careleaver* und damit Austauschforen über die Zeit in der Fremdunterbringung schaffen (Sievers & Thomas 2018)
Webauftritte: https://careleaver-online.de/ und https://www.careleaver.de/.

Momo – The Voice of Disconncted Youth

Momo ist eine politische Selbstvertretung bzw. ein Zusammenschluss von (ehemaligen) jungen Menschen in Wohnungslosigkeit, die für junge

Menschen sprechen wollen, die sich in einer Vielzahl von prekären Lebenssituationen befinden. Dies sind junge Menschen mit dem Lebensmittelpunkt Straße, die von Wohnungslosigkeit bedroht sind, keinen festen Wohnsitz und kein festes Obdach haben, von gesellschaftlicher und politischer Teilhabe ausgeschlossen sind, in Jugendhilfeeinrichtungen leben, von sozialen Sicherungssystemen nicht oder nicht mehr erreicht werden und mittellos sind.

Momo fordert gesellschaftliche und politische Teilhabe, die Verwirklichung der UN-Kinderrechtresolution sowie die Finanzierung eines bundesweiten und internationalen Netzwerks, um Informationen über die Belange und Bedürfnisse von jungen benachteiligten Menschen zu bündeln und verfügbar zu machen. Momo positioniert sich gegen GU und spricht sich für unabhängige und leicht zugängliche Beschwerdestellen (Ombudsstellen) aus. Momo hat sich wie Careleaver e. V. für ein gesichertes Übergangsmanagement nach Beendigung der Jugendhilfe und eine Comeback-Option in die Jugendhilfe sowie eine Verlängerungsoption nach Erreichen der Volljährigkeit eingesetzt, Forderungen, die zu großen Teilen im KJSG ihren Niederschlag gefunden haben.

Momo plädiert für die Umsetzung von Housing-First-Modellen (▶ Kap. 5.6) auch in der Jugendhilfe, in denen Betroffenen Wohnraum ohne Vorbedingungen zur Verfügung gestellt wird. Zudem spricht sich Momo für eine bundesweite Wohnungslosen-/Obdachlosenstatistik aus, damit es zukünftig verlässliche Zahlen gibt und nicht nur Schätzungen. Gefordert wird zudem, dass Antragsformulare für Betroffene verständlich formuliert sind und diese Unterstützung beim Ausfüllen erhalten. Ebenso wird empfohlen, dass Kinder und Jugendliche, die nicht mehr zu Hause leben, das Kindergeld direkt erhalten können. Und nicht zuletzt setzt sich Momo dafür ein, über wohnungspolitische Steuerungen Leerstand von Wohnraum zu verhindern bzw. leerstehende Wohnungen verfügbar zu machen.

Momo – The Voice of Disconnected Youth, ist aus den kontinuierlich stattfindenden Konferenzen für Straßen- und Flüchtlingskinder heraus entstanden und organisiert diese jährlich federführend. Standorte von Momo gibt es Stand 2022 in Berlin, Hamburg und Essen.

Zwei ehemalige wohnungslose junge Menschen, die sich bei Momo engagieren, haben eine App entwickelt, über die Jugendliche in Not bzw.

obdachlose Jugendliche Hilfeangebote online finden. Die Mokli-App bietet ein Panorama auf Fragen wie »Wo bekomme ich eine kostenlose warme Mahlzeit? Wo finde ich einen sicheren Platz zum Schlafen?« (www.moklihelp.de, https://youtu.be/RqqhVBBe4RU).
Webauftritt: https://www.momo-voice.de/%C3%BCber-uns/ und https://cms.karuna-ev.de/unsere-themen/inklusion-durch-schulen-und-kinderhaeuser/momo-the-voice-of-disconnected-youth/.

Selbstvertretung wohnungsloser Menschen e. V.

Zudem wurde 2019 der Verein Selbstvertretung wohnungsloser Menschen e. V. gegründet, um eine Selbstvertretung für obdach- oder wohnungslose (volljährige) Menschen oder auch für Menschen mit Erfahrung von Wohnungslosigkeit zu bilden. Der Verein wendet sich gegen jegliche unmittelbare und mittelbare Diskriminierung aufgrund der Herkunft, Religion, Nationalität oder der sexuellen Identität oder einer Behinderung eines Menschen. Er ist aus den jährlichen Wohnungslosentreffen entstanden, die seit 2016 stattfinden.

Mitglieder des Vereins arbeiten u. a. auch kontinuierlich mit Hochschulen für Soziale Arbeit zusammen bzw. können dafür angefragt werden – und übernehmen Vorträge bzw. Teile der Lehre.
Webauftritt: https://selbstvertretung-wohnungsloser-menschen.org/.

4.2 Peerberatung und Expert*innenschaft

Teilweise existieren Ansätze von Peerberatung in Angeboten der Wohnungslosenhilfe für junge Menschen. So wurde bspw. in Nürnberg ein Peerberater*innensystem entwickelt. Peerberater*innen, so RAMPE e. V., kennen die Lebenswirklichkeit der Unterstützung suchenden Personen aus erster Hand und sind im Kontakt sensibilisiert für den realen (pädagogisch nicht ›schöngefärbten‹) Bedarf. Die Peerberater*innen sprechen die ›gleiche Sprache‹ wie die Betroffenen. Martha, die die Peerberatung in Anspruch genommen hat, formuliert:

> »Ich habe beides erlebt in der Beratung, mit jemandem, der eine Vorgeschichte hatte und jemandem der das nicht hatte. Ich habe mit der Peerberatung wirklich gute Erfahrungen gemacht, weil ich mehr das Gefühl hatte, auf einer Augenhöhe zu sein« (SOS-Kinderdorf e. V. 2021, 31).

Peerberatungsansätze haben sich jedoch in der Arbeit mit jungen Wohnungslosen noch nicht wirklich durchgesetzt. Vielmehr ist von einer Asymmetrie zwischen Sozialarbeitenden und Betroffenen auszugehen und damit von einer fehlenden Balance zwischen institutioneller Struktur, professionell Handelnden und Erlebensweisen von Adressat*innen. Häufig schlage, so die Kritik, die Macht gesellschaftlicher Vorgaben und der Institutionen deutlicher zu Buche als die Stimme der Adressat*innen (Bolay & Bitzan 2018). Gegen die strukturelle Vereinnahmung durch die Institutionen braucht es deshalb den Einspruch der Adressat*innen und der selbstorganisierten Zusammenschlüsse sowie Konzepte der gemeinsamen Verhandlung, die auf dem Willen zur institutionell-professionellen Selbstkritik basieren. Selbstvertretungen benötigen Akzeptanz, auch und gerade dann, wenn sie mit dem System nicht kompatible Anforderungen stellen. Und Selbstvertretungen können Bilder, Zuschreibungen, Verkürzungen und Klischeevorstellungen gegenüber Hilfeempfänger*innen aufdecken, die in Adressierungsprozessen Sozialer Arbeit häufig eingesponnen sind.

In der Stärkung der Selbstvertretung muss auch danach gefragt, wodurch Menschen erleben, dass sie als Expert*in ihrer eigenen Lebenswelt gesehen werden ebenso wie, wann sie erleben, dass eigene Lösungen entwertet werden und ihnen etwas aus der Hand genommen wird.

Zu berücksichtigen ist in all dem, dass die Stimmen der Adressat*innen und damit auch, was selbstorganisierte Zusammenschlüsse vertreten, weder einheitliche noch ›reine‹ Stimmen sind (Bitzan & Bolay 2017). Dies anzunehmen wäre naiv. Sie sind vielmehr eingefärbt durch Normalisierungsanstrengungen der Adressat*innen. Menschen versuchen sich als handlungsfähig zu präsentieren und damit ihre Würde zu behalten. Gleichzeitig sind sie auch Kenner*innen der Systemlogiken und wissen deshalb, dass sie sich als spezifisch hilfebedürftig ausweisen müssen

(Selbstkategorisierung), um Leistungen zu erhalten. Deshalb machen sich (junge) Menschen diese Definitionen und Zuschreibungen auch zunutze und übernehmen in ihren Begründungen den »Sozpädsprech« (Daigler 2018).

Auf den Punkt gebracht

- Es gibt unterschiedliche Formen der Selbstvertretung/der Selbstorganisation bzw. Netzwerke unter wohnungslosen jungen Menschen. Sie sind Austauschmöglichkeiten für die eigenen Erfahrungen, sind Hilfen zur Selbsthilfe untereinander, geben kritische Rückmeldungen zu den Hilfestrukturen und verstehen sich als politische Interessensvertretung.
- Junge wohnungslose Menschen sind Expert*innen der eigenen Lebenswelt. Sie eignen sich ein spezifisches Wissen an, verfügen über ›Innenperspektiven‹, die es nicht nur eingekürzt auf ein Verwertungsinteresse für die Soziale Arbeit zu verstehen und zu würdigen gilt.
- Der Adressat*innendiskurs betont eine Perspektive, die das Subjekt, dessen Eigen-Sinn, Handlungsfähigkeit und Deutungsmuster in den Mittelpunkt rückt, und analysiert Adressierungsprozesse.

Reflexionsfragen

- Wie könnten Rechte von Selbstvertretungen weiter gestärkt und diese systematisch mit einbezogen werden? Welche Möglichkeiten fallen Ihnen dazu sein? Welche Schwierigkeiten und Konflikte könnten sich dabei ergeben?
- Was sind Ihre Thesen, warum in der Sozialen Arbeit nach wie vor insbesondere ›für‹ Menschen gearbeitet wird und weniger gemeinsam ›mit‹ ihnen? Was erschwert die Arbeit ›auf Augenhöhe‹?
- Machen Sie sich Notizen, was Sie an der Perspektive der Adressat*innenorientierung besonders wichtig finden.

Weiterführende Literatur

Bitzan, Maria & Eberhard Bolay (2017): Soziale Arbeit – die Adressatinnen und Adressaten. Opladen & Toronto: Budrich.
Rosenbauer, Nicole & Schruth, Peter (2023): Der neue § 4a SGB VIII – ein Auftrag im Spannungsfeld von Chance oder (nur) Symbolpolitik? In: Forum Erziehungshilfen 29 (1), im Erscheinen.

5 Soziale Arbeit im Kontext von Wohnungslosigkeit

Übersicht

Soweit junge Menschen auf sozialstaatliche Hilfen in der Wohnversorgung angewiesen sind, verteilen sich die Leistungsansprüche auf das SGB VIII, SGB XII und SGB II/III. In diesem Kapitel werden die einzelnen Hilfesysteme in ihren Zuständigkeiten und Ansätzen dargestellt (▶ Kap. 5.1). Ein besonderer Schwerpunkt wird im Folgenden auf die Jugendhilfe und deren Ansätze der Jugendsozialarbeit und der Hilfen zur Erziehung (HzE) gelegt (siehe Kap. 5.1 bis Kap. 5.4) und dabei auch auf die Notwendigkeit geschlechtsspezifischer Expertise und Formate eingegangen (▶ Kap. 5.5). Der Ansatz des Housing First, der dem eigenen Wohnraum Priorität einräumt, wird vorgestellt und auch als ein Ansatz für junge Wohnungslose ins Spiel gebracht (▶ Kap. 5.6).

Die Hilfesysteme haben sich in den letzten Jahrzehnten stark flexibilisiert und ausdifferenziert. Die Erfahrung ist aber auch, dass ohne eine systematische Verzahnung bzw. Übergangsplanung zwischen den unterschiedlichen Sozialsystemen, Förderlücken entstehen, die dazu führen, dass insbesondere junge Volljährige vom Radar der Hilfeeinrichtungen verschwinden und in die Wohnungslosigkeit geraten. Diese Schnittstellenprobleme und die Notwendigkeiten sowie Möglichkeiten einer verbesserten Kooperation zwischen den Hilfen sind Themen im letzten Teil dieses Kapitels (▶ Kap. 5.7).

5.1 Hilfesysteme, Zuständigkeiten und ›Verschiebebahnhöfe‹

Bevor die Hilfesysteme genauer betrachtet werden, muss vorausgeschickt werden, dass Soziale Arbeit den Menschen, mit denen sie arbeitet, den Status von Adressat*innen gibt. Die Lebensschwierigkeiten der Menschen werden in die Sicht und die Möglichkeiten der Sozialen Arbeit übersetzt. Pointiert heißt das: Aus Menschen in ihrer alltäglichen Lebenswelt werden Menschen an der Schnittstelle ihrer alltäglichen Lebenswelt und den Angeboten der Sozialen Arbeit (Thiersch 2020, 106). Studien der Adressat*innenforschung haben gezeigt, dass Menschen dann eine Hilfe der Sozialen Arbeit erhalten, wenn gesellschaftliche Erwartungen und Wahrnehmungsprozesse der sie umgebenden Akteur*innen wie z.B. Eltern, Polizei, Lehrer*innen sie als hilfebedürftig, gefährdet, problematisch, überfordert oder auffällig einschätzen (Bitzan, Bolay & Thiersch 2006). In der Wissenschaft wird von interventionsleitenden Adressierungspraxen gesprochen. (Gesellschaftlich produzierte) Bilder über und Zuschreibungen an Adressat*innen bringen letztendlich Hilfen hervor. Hinzu kommt, dass das, was sozialpolitisch als Bedarf anerkannt wird, immer auf gesellschaftliche Übereinkünfte bezogen ist. Die Bestimmungsmacht liegt dabei bei den professionellen Akteur*innen. Damit geht einher, dass Personen/Personengruppen adressiert werden, die subjektiv Hilfe und Unterstützung brauchen, aber auch Personengruppen, die sich selbst nicht als bedürftig betrachten. Andererseits werden Personen, die subjektiv zwar Unterstützungsbedarf empfinden, nicht adressiert, sofern dieser Bedarf nicht bereits als sozialpolitisch relevant definiert wurde.

Minderjährige Jugendliche, die ohne festen Wohnsitz ›auf der Straße‹ oder in anderen Zusammenhängen leben, führen rein rechtlich eine illegale Existenz. Nach dem Bürgerlichen Gesetzbuch (BGB) muss ein Kind den Wohnsitz mit seinen Eltern teilen und darf seinen Aufenthalt nicht selbst bestimmen (§ 11 BGB). Wenn minderjährige Jugendliche aber Hilfe suchen und um Inobhutnahme bitten, sind die Jugendämter nach § 42 SGB VIII verpflichtet, für eine vorübergehende Aufnahme in Inobhut-

5.1 Hilfesysteme, Zuständigkeiten und ›Verschiebebahnhöfe‹

nahmestellen (Jugendschutzstellen, Kinder- und Jugendnotdienste) Sorge zu tragen.

Während manche Kommunen die Leistungen der Jugendhilfe bis zum 21. Lebensjahr gewähren, werden diese bei vielen anderen Kommunen bereits mit der Volljährigkeit eingestellt. Das bedeutet, dass in vielen Fällen junge Menschen, die erst nach dem 18. Lebensjahr in Problemlagen geraten und vorher nicht bereits in der Jugendhilfe waren, von deren Unterstützungsleistungen ausgeschlossen sind. Dies gilt auch für junge Volljährige, die in der Vergangenheit bereits Jugendhilfeunterstützung in Anspruch genommen haben und diese dann nach Erreichen des 18. Lebensjahres erneut benötigen.

Eine Einstellung der finanziellen Hilfen der Jugendhilfe bedeutet auch ein Ende der Jugendhilfe im Wohnraum und einen Verlust bisheriger Vertrauenspersonen. Dieser immer wieder nicht klar geregelte Übergang von der Jugendhilfe in SGB-II- oder AsylbLG-Hilfen bereitet nicht allen, jedoch vielen Careleavern*, also Jugendlichen, die in öffentlicher Verantwortung aufgewachsen sind und die Hilfesysteme verlassen, große Probleme.

Grundsätzlich lässt sich sagen, dass für wohnungslose junge Menschen im Alter zwischen 18 und 25 Jahren mehrere Hilfesysteme mit sozialarbeiterischer Unterstützung greifen:

- die Jugendhilfe (§§ 13, 27 ff., 35a, 41 SGB VIII),
- die Wohnungslosenhilfe (§§ 67 ff. SGB XII),
- die Eingliederungshilfe nach SGB IX, Teil 2 sowie
- SGB II, insbesondere über § 16 SGB II.

Finanzielle Unterstützung ist über das SGB II und III, bei stationärer HzE über das SGB VIII, bei Ausbildung über Berufausbildungsbeihilfe/BAföG/Ausbildungsgeld möglich; hinzu kommen Kindergeld und Rentenleistungen.

Die verschiedenen Hilfesysteme und die damit verbundenen Gesetzesgrundlagen sind mit unterschiedlichen, jeweils eigenen Anspruchsvoraussetzungen, Leistungsgrundsätzen und Antragstellungen verbunden. Daraus ergibt sich in Folge zum einen häufig eine völlige Überforderung junger Menschen. Zum anderen ergibt sich die Notwendigkeit, dass Sozialarbeitende bzw. Unterstützer*innen über komplexe rechtliche Kenntnisse verfügen müssen und diese entsprechend für die Interessen der jungen Menschen nutzen/einsetzen können.

Ein Merkmal der Unterstützung durch die Wohnungslosenhilfe ist der Nachrang der Hilfen, zumindest dann, wenn der Bedarf durch Leistungen durch SGB VIII oder IX oder durch andere Vorschriften, z. B. SGB XII, gedeckt wird. Wohnungslosenhilfe ist in gewisser Weise ein letztes Auffangsystem (Eichler & Holz 2015), wenn junge Menschen aus unterschiedlichen Gründen keine Leistungen der Kinder- und Jugendhilfe (mehr) erhalten und auch keine Angehörigen einspringen (können). Sie ist aber auch eine eigenständige Hilfeform, bei der die Unterstützungsangebote in erster Linie darauf ausgerichtet sind, die Grundversorgung sicherzustellen, so dass ein menschenwürdiges Leben möglich ist. Sie hat keine erzieherischen Ansprüche, wie es die Jugendhilfe vorsieht.

Im Hilfesystem der Wohnungslosenhilfe wird im Idealfall jungen wohnungslosen Frauen* und Männern* als erste existenzsichernde Maßnahme ein Bett/ein Zimmer zur Verfügung gestellt. Junge Menschen werden zunächst in einer Notunterkunft untergebracht, bis die rechtliche Klärung der Leistungsansprüche erfolgt ist und ein längerfristiger Schlafplatz bzw. eine längerfristige Bedarfsabdeckung gefunden wurde.

Bei Wohnungslosigkeit sind die Ordnungsbehörden in Deutschland verpflichtet eine (Not-)Unterkunft unmittelbar zur Verfügung zu stellen (▶ Kap. 2.1). Liegen besondere soziale Schwierigkeiten nach § 67 SGB XII vor, besteht zudem ein Rechtsanspruch auf Hilfen zur Überwindung dieser Schwierigkeiten. Die Hilfen zur Überwindung besonderer sozialer Schwierigkeiten sind in §§ 67 bis 69 SGB XII geregelt. Demnach haben Personen, bei denen besondere Lebensverhältnisse mit sozialen Schwierigkeiten verbunden sind, einen Anspruch auf Leistungen zur Überwindung dieser Schwierigkeiten, sofern sie nicht fähig sind, diese aus eigener Kraft zu überwinden. Die Unterstützungsmöglichkeiten reichen von Fachberatungsstellen, Streetwork, Tagesaufenthaltsstätten bis hin zu betreutem Wohnen und stationären Angeboten und sind häufig zielgruppen- bzw. lebenslagenspezifisch ausgerichtet. Hinsichtlich der Angebote für junge Erwachsene existieren große regionale Unterschiede. Ausgewiesene Angebote der Wohnungslosenhilfe explizit für junge Menschen bestehen überwiegend bzw. ausschließlich in Ballungsräumen.

Die Vollendung des 18. Lebensjahrs wurde bereits als neuralgischer Punkt benannt. Seit Langem ist gängige Praxis, dass Jugendämter, in Teilen unabhängig vom individuellen Bedarf, junge Menschen systematisch mit Eintritt der Volljährigkeit an andere Leistungssysteme vollständig ›abgeben‹. Die Sozialhilfeträger verweisen junge Volljährige dann häufig zurück in die Jugendhilfe, die vorrangig zuständig sei. In der institutionellen Verfasstheit der Unterstützungsleistungen entsteht so häufig ein Zuständigkeitswirrwarr und sogenannte ›Verschiebebahnhöfe‹ zwischen Jugendamt, Sozialamt und Wohnungsnotfallhilfe, die nicht selten so lange gemeinsam keine Lösung entwickeln, bis die jungen Menschen aus dem Hilfesystem ›verschwinden‹. Es verstreicht häufig Zeit, zu viel Zeit, bis sich die Hilfesysteme in ihren komplizierten Vorrang/Nachrang-Zuständigkeiten verständigt haben. Noch zu oft fallen Leistungsberechtigte nach Beendigung der Jugendhilfeleistung in ein ›Nichts‹, obgleich ihnen Unterstützungsansprüche gegenüber Sozialleistungsträgern zustehen (Smessart 2020).

Dass junge Menschen wohnungslos sind, muss auch als Scheitern des Kinder- und Jugendhilfesystems verstanden werden. Dieses Scheitern drückt sich aus in für junge Menschen zu hochschwelligen Settings in stationären HzE, abrupten Beendigungen von Erziehungshilfen ohne ausreichende Klärung der materiellen Sicherung, fehlender personeller Begleitung in den Übergängen durch Vertrauenspersonen und nicht zuletzt einem systemimmanenten Denken, das Gefahr läuft, die Probleme immer wieder mit denselben Ansätzen anzugehen.

5.2 Mobile Jugendarbeit/Straßensozialarbeit und Online-Beratung

Streetwork oder aufsuchende/mobile Jugendarbeit hat zum Ziel, zu jungen Menschen, die sich zu großen Teilen Hilfe- und Sanktionssystemen entziehen und von diesen damit schwer erreicht werden können (hard to reach), vertrauensvolle Kontakte aufzubauen und zu halten. Sie wird meist über Jugendsozialarbeit nach § 13 SGB VIII finanziert, in Teilen auch über offene Jugendarbeit nach § 11 SGB VIII. Im Berliner Ausführungsgesetz zum SGB VIII wird aufsuchende Jugendsozialarbeit als eine Arbeit konkretisiert, die sich insbesondere an alleingelassene, aggressive, resignative, suchtgefährdete oder straffällig gewordene junge Menschen wendet und deren soziale Integration fördert. Die Angebote seien unmittelbar im Lebensfeld der jungen Menschen zu organisieren und umfassen Einzelberatung, Gruppenarbeit, Projektarbeit und Stadtteilarbeit. Das Jugendamt habe Vorsorge zu treffen, dass es diese Angebote bei akutem Bedarf auch kurzfristig ermöglichen kann (Berndt 2019). Aufsuchen heißt, so Elvira Berndt von Gangway Berlin,

> »sich direkt und unmittelbar in die Lebenswelten der Adressat*innen Sozialer Arbeit zu begeben, akzeptierend die dort herrschenden Regeln und Gewohnheiten des Zusammenlebens kennenzulernen, Vertrauen und Beziehungen aufzubauen und auf dieser Grundlage konkrete Unterstützung so zu leisten, dass diese die Menschen in prekären Lebenssituationen wirklich erreicht. Aufsuchen heißt deshalb auch, Geduld zu haben, die Menschen vor Ort als Fachexpert*innen der Bewältigung ihrer jeweiligen Lebensumstände wahr- und ernst zu nehmen und eben gerade nicht ›alles besser zu wissen‹, sondern aushalten zu können, dass Veränderungsprozesse Zeit und Selbstbestimmung brauchen« (Berndt 2019, 71).

Es wird dabei davon ausgegangen, dass sozialbenachteiligte junge Menschen mit schlechter schulischer wie beruflicher Qualifikation, einem schwierigen sozioökonomischen Status und Verhaltensoriginalitäten Unterstützung in vielen Lebensbereichen benötigen, die flexibel zur Verfügung stehen müssen. Freiwilligkeit ist eines der wichtigsten Prinzipien der mobilen, aufsuchenden Arbeit: Alles kann, nichts muss! Dass bedeutet auch, dass die Adressat*innen selbst bestimmen, welche Unterstützung gegeben werden soll, z. B., ob es Bedarf an einer konkreten Unterstützung oder ›nur‹ an einem offenen Ohr gibt.

Im Verständnis solch einer Arbeit sehen sich Streetworker*innen »als Gäste in den Lebenswelten der jungen Menschen und sie verhalten sich auch so: respektvoll, empathisch und zuverlässig« (ebd., 75). Das Arbeitsumfeld ist nicht nur, aber vor allem die Straße, der öffentliche Raum. Die Sozialarbeiter*innen machen regelmäßig Rundgänge durch Stadtteile, vorzugsweise zu Zeiten, an denen Jugendliche anzutreffen sind, d. h. vor allem nachmittags, abends, am Wochenende und in den Ferien. Die Streetworker*innen sind dabei immer mindestens zu zweit. Sie versuchen den Bezirk im Auge zu behalten und schauen besonders nach Orten, an denen sich Jugendliche aufhalten bzw. aufhalten dürfen, z. B. Skateanlagen, Hinterhöfe, Parks. Beobachtet wird dabei, dass feste Treffpunkte oder Aufenthaltsorte seltener werden. Mobile, aufsuchende Jugendarbeit ist in großstädtischen Quartieren entstanden (Berndt 2019, Hillig 2020), wird aber immer mehr auch in ländlichen Räumen genutzt bzw. umgesetzt.

Beispiel: Trebecafé für Mädchen* und junge Frauen* in Düsseldorf

Mädchen* und junge Frauen*, die sich in schwierigen und unsicheren Wohnsituationen befinden, erhalten hier, so die Selbstdarstellung, die bedingungslose Annahme ihrer Person und ihrer Lebenssituation. »Erfahrungen mit dem klassischen Hilfesystem haben bei vielen der Besucherinnen den Eindruck hinterlassen, dass sie sich erst verändern müssen, bevor sie Unterstützung erhalten. Durch die Bereitstellung der Räume in der Anlaufstelle, den verlässlichen und berechenbaren Bezugspersonen, der voraussetzungsfreien Grundversorgung und dem regelmäßigen Kontakt mit den Streetworkerinnen auf der Straße, wird den Mädchen* und jungen Frauen* ermöglicht, sich angenommen und wertgeschätzt zu fühlen. Mädchen und jungen Frauen wird die für sie erforderliche Zeit gegeben, um sich auf Veränderungen einzulassen. Es werden verschiedene Angebote vorgehalten: Anlaufstelle, Streetwork, Beratung und Prävention. Alle Angebote sind anonym, freiwillig, niederschwellig und kostenlos« (https://www.diakonie-duesseldorf.de/jugend-familie/hilfe-fuer-jugendliche/trebecafe).

Beispiel: Schlupfwinkel, eine offene Anlauf- und Beratungsstelle in Stuttgart

»In den Schlupfwinkel kommen 12–25-jährige aus allen gesellschaftlichen Schichten und aus verschiedenen Jugendszenen. Manchmal sind sie schwarz gekleidet, haben gewagte Frisuren und silberne Ketten, aber meist sind sie ganz normal, schüchtern und unauffällig. Aber sie haben eines gemeinsam: ihre aktuelle (Wohn-)Situation ist für sie unerträglich geworden und sie suchen Hilfe, um daran etwas zu verändern. Und: Sie wünschen sich ein normales Leben, eine Perspektive! Bei uns können die Besucherinnen duschen, Wäsche waschen, gemeinsam kochen, und Leute treffen. Wir bieten unsere Begleitung bei Terminen an. Wir setzen niemand unter Druck« (https://www.schlupfwinkel-stuttgart.de/#ueber-uns).

Immer öfter werden Präsenzangebote durch Online-Angebote, insbesondere Online-Beratung ergänzt. Diese bewegen sich von Apps (▶ Kap. 4.1: »Mokli-App«) bis hin zu verschiedenen Formen der Online-Beratung bzw. -Unterstützung. Damit können u. a. auch wohnungslose Jugendliche bzw. junge Erwachsene erreicht werden, die nicht in den einschlägigen Szenen verkehren bzw. nicht über Streetwork oder andere Präsenzangebote erreicht werden. Ein Beispiel für die Möglichkeit einer anonymen Online-Beratung ist das Angebot des Trägers »Off Road Kids« über www.sofahopper.de.

5.3 Wohnungslosigkeit und Bildungsambitionen – Bildungsangebote

Für etliche aus schulischen Systemen ›entkoppelte‹ junge Menschen ist der Weg wieder hin zu schulischen Angeboten schwierig. Sie konnten bereits länger nicht mehr die Kontinuität und Konzentration hierfür aufbringen oder wollten es nicht mehr. Irgendwann waren sie ›abgehängt‹ oder vom Bildungssystem exkludiert. Für andere wiederum ist Schule und andere Angebote, die sie mit ihren Interessen verbinden können, ein ›guter‹ Ort, an dem sie wieder erfahren, was sie interessiert und was sie können. Etliche junge Menschen leisten in diesem Kontext Erstaunliches, z. B. dass sie über lange Zeit als Obdachlose in einem Zelt leben und das Abitur machen oder

5.3 Wohnungslosigkeit und Bildungsambitionen – Bildungsangebote

dass sie in Unterschlupfsituationen leben und jeden Tag eine längere Anfahrt in ein Angebot zur Erreichung der Schulfremdenprüfung bewältigen. Je nachdem, ob und wie lange junge Menschen in stationärer Jugendhilfe waren, haben sie ggf. am Ort des Jugendhilfeträgers eine Schule für Erziehungshilfe besucht, wurden beschult bzw. haben die Schulpflicht erfüllt. Eventuell müssen erst wieder Anknüpfungspunkte und Ausdrucksmöglichkeiten gefunden werden. Wichtig ist, dass die Ansätze niederschwellig und flexibel ausgestaltet sind und sich verschiedenste Aspekte kombinieren lassen.

Beispiel: Freiburger StraßenSchule

Die Freiburger StraßenSchule begleitet obdachlose, wohnungslose und davon bedrohte Jugendliche und junge Erwachsene im Alter von ca. 15 bis 27 Jahren. Grundsätze sind, dass Straßenjugendliche nicht sich selbst überlassen werden, sondern Sozialarbeiter*innen als kontinuierliche, verlässliche und vertrauensvolle Ansprechpartner*innen zur Verfügung stehen, wenn Kontakt gewünscht und gesucht wird. Die Überlebensleistungen der jungen Menschen werden gesehen und ihnen wird Anerkennung entgegengebracht. Sozialarbeiter*innen verstehen sich als stärkende Begleitung, nicht als belehrende Expert*innen. Gearbeitet wird in einem rotierenden System von verschiedenen Angebotsbereichen. Die Träume und Vorstellungen vom Leben, die junge Menschen haben, sind die Basis für die Zusammenarbeit. Die Freiburger StraßenSchule versteht sich nicht als Versorgungseinrichtung, sondern als Projekt, das Chancen zur Orientierung, Entwicklung und zum Verfolgen positiver Zukunftsperspektiven bietet.

Angebote können einzeln oder aufeinander aufbauend genutzt werden. Im Rahmen von Streetwork und Street-Mobil gehen Sozialarbeiter*innen dorthin, wo sich die jungen Menschen aufhalten. Sie bauen Beziehungen auf und unterstützen direkt vor Ort in dringlichen Angelegenheiten. Schutz- und Rückzugsort bietet zudem eine Tagesanlaufstelle, in der geduscht, gekocht, gewaschen und Post geholt werden kann. Beratung und das Regeln von Ämterangelegenheiten am PC sind ebenso möglich. Ärzt*innen, ein Banker und eine Juristin stehen als ehrenamtliches Fachpersonal zur Verfügung.

Mit der Galerie UpArt existiert in der StraßenSchule ein Kunstraum. Kunst, Handwerk und Musik eignen sich bestens, um Fähigkeiten und Selbstwirksamkeit kennenzulernen, Mut und Ausdauer zu entwickeln sowie Spaß am Leben zu finden (weg von der Problemzentrierung). In flexibel begleiteten Wohnprojekten kann wohnen (wieder) gelernt werden. Hunde und andere Tiere dürfen miteinziehen.

Therapeutische Einrichtungen sind in der Stadt und im Umland zwar vorhanden, aber für wohnungslose junge Menschen oft nicht erreichbar. Im Angebot DrachenFlieger, eine aufsuchende Hilfe für psychisch erkrankte Straßenjugendliche, arbeitet ein Tandem aus einer Psychologin und Sozialarbeiter*innen, die zusammen auf die Straße gehen und damit eine Lücke in der psychotherapeutischen Landschaft schließen. Ein präventives Angebot für sogenannte »schulmüde« Kinder und Jugendliche im Alter von acht bis 14 Jahren ist die WerkstattSchule an einer Förderschule, in der über arbeitspädagogische Aktionen in anderer Art und Weise gelernt werden kann.

Kontakt

Freiburger StraßenSchule
Moltkestraße 34
79098 Freiburg
Tel.: 0761/887903–80
freiburger.strassenschule@sos-kinderdorf.de
https://www.sos-kinderdorf.de/freiburger-strassenschule
https://www.sos-kinderdorf.de/freiburger-strassenschule/aktuelles/leben-auf-der-strasse-118598

Beispiel: Das Justus Delbrück Haus, Akademie für Mitbestimmung im Bahnhof Jamlitz

Das Justus Delbrück Haus im Landkreis Dahme-Spreewald steht Kindern und Jugendlichen offen, die von gesellschaftlichen Prozessen der Mitbestimmung und Teilhabe ausgeschlossen sind. Das Haus vereint Krisenwohnen mit gesellschaftlicher Mitbestimmung und beherbergt eine Bildungsstätte und eine Wohngruppe für Straßenjugendliche.

Träger ist der Berliner Verein KARUNA e. V. Es finden Seminare statt, in denen junge wohnungslose Menschen ihr Wissen über ihre Rechte erweitern können und über Rechte und Pflichten in der Demokratie kontrovers diskutiert werden kann. Gefördert werden soll das Erproben von Selbst- und Mitbestimmung und das Tragen von Verantwortung für die eigenen Entscheidungen (www.bahnhof-jamlitz.de).

5.4 Wohnen: Von der Notschlafstelle bis zum Jugendwohnen

Notschlafstellen, Inobhutnahme

Die Notschlafstellen bieten eine kurzfristige Übernachtungsmöglichkeit für junge erwachsene Menschen und damit sichere Schlafplätze, Duschgelegenheiten, Waschmaschine und Trockner, eine Küche zur Selbstversorgung, verschließbare Schränke und individuelle Hilfestellung. Die Aufnahme ist anonym, freiwillig, ohne vorherige Anmeldung und Formalitäten. Jede*r kann jederzeit gehen. Es kann sich melden, wer derzeit keine Wohnung hat, bei den Eltern oder an seinem bisherigen Aufenthaltsort nicht länger bleiben kann oder will oder ›auf der Straße‹ lebt. Notschlafstellen bzw. Notschlafplätze und Schutzstellen werden je nach Alter über das SGB VIII (insbesondere für Minderjährige) oder über SGB XII finanziert.

Beispiel: Notschlafstelle Mainz

Die Notschlafstelle Mainz z. B. ist ein Leistungsangebot der Inobhutnahme mit namentlicher Meldung durch das zuständige Jugendamt nach § 27 i. V. m. § 42 SGB VIII und/oder der stationären Jugendhilfe nach § 34 SGB VIII. Sie richtet sich an Jugendliche ab 15 Jahren, in einer akuten Notsituation bzw. an Jugendliche, die andere stationäre Jugendhilfeangebote nicht angenommen haben oder dort nicht mehr aufgenommen werden. Eine schnelle und unkomplizierte Übernachtungsmöglichkeit wird im Sinne einer Notversorgung gewährleistet und Beratung während der Betreuungszeit (17–8 Uhr) angeboten. Der Aufenthalt in der Notschlafstelle Mainz ist zeitlich auf acht Wochen befristet.

Heimerziehung

Eine Möglichkeit für junge minderjährige Menschen, die nicht mehr bei den Eltern leben können oder deren Elternhaus nicht mehr existent ist, ist die stationäre Hilfe zur Erziehung bzw. Heimerziehung nach § 34 SGB VIII, die i. d. R. in Wohngruppen stattfindet. Die Hintergründe dafür, in einer Wohngruppe ›aufzuschlagen‹, sind vielfältig und unterscheiden sich nach Geschlecht und Alter (Tabel 2020). Die Zuständigkeit für die Gewährung von HzE liegt bei den örtlichen Jugendämtern. Die Hilfe kann auch über das 18. Lebensjahr hinaus gewährt werden oder in eine Hilfe für junge Volljährige nach § 41 SGB VIII übergehen (▶ Kap. 5.1).

Auf Hilfen für junge Volljährige haben junge Menschen bis zur Vollendung des 21. Lebensjahres einen Rechtsanspruch, danach nur noch »in begründeten Einzelfällen für einen begrenzten Zeitraum« (§ 41 Abs. 1 SGB VIII). Ihnen soll »Hilfe für die Persönlichkeitsentwicklung und zu einer eigenverantwortlichen Lebensführung gewährt werden, wenn und solange die Hilfe aufgrund der individuellen Situation des jungen Menschen notwendig ist« (ebd.). Zur Ausgestaltung können pädagogische und damit verbundene therapeutische Leistungen sowie bei Bedarf auch Ausbildungs- und Beschäftigungsmaßnahmen der Jugendberufshilfe (§ 13 Abs. 2 SGB VIII) in Anspruch genommen werden.

Betreutes Jugendwohnen (BJW) und Betreutes Einzelwohnen (BEW)

BJW richtet sich an Jugendliche und junge Volljährige, die keiner 24-Stunden-Betreuung bedürfen. Das Angebot umfasst u. a. eine Begleitung in schulischen Belangen, die Unterstützung bei der Strukturierung des Ta-

5.4 Wohnen: Von der Notschlafstelle bis zum Jugendwohnen

gesablaufs und die Bearbeitung familiärer Konflikte. BEW ist eine Alternative zur Wohngemeinschaft. Da der Wohnungsmarkt in den meisten Kommunen der Wohnungsakquise enge Grenzen setzt, werden häufig von Trägern auch für das BEW Mehrzimmerwohnungen angemietet und diese mehreren jungen Menschen zur Verfügung gestellt. Der Betreuungsumfang wird individuell abgesprochen und findet im Einzelkontakt statt. Die pädagogische Fachkraft kommt i.d.R. zu zwei bis drei Beratungsgesprächen pro Woche in die Wohnung der jungen Menschen. In Notsituationen steht ein Bereitschaftsdienst zur Verfügung. Das BEW ist eine Möglichkeit, weitgehend selbstbestimmt wohnen zu können.

Beispiel: WisE – Wohnen mit sozialpädagogischer Einzelbetreuung für junge Frauen* in Karlsruhe

»WisE ist ein Angebot der Jugendhilfe des Trägers sozpaedal e. V. für junge Frauen* ab 16 Jahren, die allein leben wollen, und sich hierbei noch Unterstützung wünschen. Im Einzelfall können auch junge Menschen anderer Geschlechter aufgenommen werden. Wir stellen 1-Zimmer-Wohnungen zur Verfügung. Eine Sozialarbeiterin begleitet die jungen Menschen in sämtlichen Belangen nach dem Bezugsbetreuungssystem (Personalschlüssel 1:4)« (https://www.sozpaedal.de/jugend hilfe/WisE.php5).

Gemeinsame Wohnform für Mütter, Väter und Kind – Mutter-/Vater-Kind-Einrichtung

Gemäß § 19 SGB VIII sollen Mütter oder Väter, die (allein) für ein Kind unter sechs Jahren zu sorgen haben, in einer geeigneten Wohnform betreut werden, wenn und solange sie aufgrund ihrer Persönlichkeitsentwicklung dieser Form der Unterstützung bei der Pflege und Erziehung des Kindes bedürfen. Der Ansatz beinhaltet Wohnen, Beratung und Betreuung für Mütter/Väter und für das Kind. Obwohl sie sich an Mütter und Väter richten, werden in entsprechenden Einrichtungen in aller Regel *Frauen** und Kinder aufgenommen. Im Zentrum steht die Förderung oder Abklärung der Erziehungskompetenz. Der Aufenthalt in einer Mutter-/Vater-

Kind-Einrichtung erleben junge Frauen* nicht immer als freiwillig, also als frei gewählt. Er ist nicht selten die letzte Alternative zur Inobhutnahme des Kindes. Obwohl dieses Angebot vom Alter der Mutter oder des Vaters unabhängig sind, werden vor allem minderjährige und junge volljährige Frauen* in den Einrichtungen aufgenommen.

Spezialgruppen und Intensivpädagogische Angebote und Einrichtungen

Unter dieser Kategorie existieren sehr unterschiedlichen Ansätze. Positiv bezüglich sogenannter Spezialgruppen ist zu bewerten, dass es damit ein differenziertes Angebot von Wohngruppen gibt, das sich nach unterschiedlichen Bedarfen und Lebenslagen ausrichten kann, und spezialisiertes Zusatzwissen der Fachkräfte vorhanden ist (z.B. Gruppen für Mädchen* mit Essstörungen, BJW und BEW für lesbische, bisexuelle, schwule und trans*Jugendliche und junge Volljährige etc.).

An der zunehmenden Verbreitung von Spezial- und Intensivgruppen wird kritisiert, dass damit eine Individualisierung struktureller Probleme des HzE-Systems, »Aussonderungen« und vielfältige Zuschreibungen an junge Menschen und Pathologisierungen stattfinden. Intensivgruppen, so Werner Freigang, sind ein Baustein eines spezialisierten Systems von Einrichtungen, das die Art der Intervention nach der – vermeintlichen – Schwierigkeit der Adressat*innen gliedert. In intensivpädagogischen Einrichtungen können demnach Kinder und Jugendliche aufgenommen werden, die andere Einrichtungen »erfolglos« durchlaufen haben, die Gruppen, gar Systeme »sprengen« und »mit herkömmlichen Mitteln nicht zu erziehen sind« (Freigang 2014). In das Genre der intensivpädagogischen Maßnahmen fallen auch Angebote der geschlossenen Unterbringung (GU). An GU gibt es vielerlei Kritikpunkte: Der Freiheitsentzug sei mit den Menschenrechten unvereinbar. An die Kinder- und Jugendhilfe wird von Politik und Justiz sowohl vonseiten der Politik als auch vonseiten der Justiz wiederholt Erwartungen an sichere Verwahrung und Strafe für Kinder und Jugendlichen herangetragen, die in Teilen der Jugendhilfe durchaus auf Akzeptanz treffen. GU-Kritiker*innen verweisen darauf, dass das ›Weiter so‹ mit der GU auch mittels ausgeklügelter Diagnostik und einem Mehr an verhaltenstherapeutischen Programmen kein Aufbruch zu neuer Fachlichkeit, sondern vielmehr als politische Restrukturierung der Kinder- und Jugendhilfe in einem neuen Disziplinierungsdiskurs zu interpretieren sei (Peters 2016).

Wohnen in der Ausbildung – Jugendwohnen nach § 13 Absatz 3 SGB VIII

Der Wohnungslosigkeit von jungen Menschen kann nur dann nachhaltig entgegengewirkt werden, wenn genügend bezahlbarer Wohnraum zur Verfügung steht. Dabei kommt auch Lehrlingswohnheimen und dem sozialpädagogisch begleiteten Jugendwohnen nach § 13 Absatz 3 SGB VIII eine besondere Relevanz zu. Es existieren verschiedene Formen, die sich in ihren Zielen und Betreuungsintensitäten deutlich unterscheiden. Neben den Jugendwohnheimen besteht Jugendwohnen in Formen des BEW, als Wohn-Beschäftigungsprojekte oder als Jugendwohnen für spezielle Zielgruppen.

Zielgruppen von Jugendwohnen sind zum einen junge Menschen während der Dauer ihrer Ausbildung bzw. während der Phase ihrer Blockbeschulung, die mehr oder weniger sozial benachteiligt und/oder individuell beeinträchtigt sind. Zielgruppe sind ebenso unbegleitete minderjährige Flüchtlinge, Jugendliche mit seelischen Erkrankungen und Abhängigkeiten, junge Volljährige im Anschluss an stationäre Unterbringungen der Jugendhilfe, junge Menschen ohne ausreichende schulische oder berufliche Qualifikation, strafentlassene und überschuldete junge Menschen. Jugendwohnen wurde in den letzten Jahrzehnten vor allem im Kontext von beruflichen Maßnahmen, Ausbildungen und geförderten Ausbildungen für junge Menschen in Betracht gezogen, insbesondere für solche, die bislang nicht am Ausbildungsort gelebt haben und in einem Jugendwohnheim (Kolpinghaus etc.) untergekommen sind. Möglichkeiten des Jugendwohnens werden bislang allerdings geringfügig finanziert und angewendet. Vielerorts wurde Jugendwohnen ab 2015/16 als »Jugendhilfe-Light-Angebot« für junge volljährige Geflüchtete aus der ›Mottenkiste‹ hervorgezogen.

Beispiel: suedpol – Leipziger JugendWohnen

»Im Leipziger JugendWohnen des Jugendhaus Leipzig e. V. werden junge Menschen, die auf dem regulären Wohnungsmarkt nahezu chancenlos sind, schon einmal wohnungslos waren oder zuhause aus unterschiedlichen Gründen nicht mehr wohnen können, zum Führen eines eigenen Mietbereiches befähigt. Dafür hat der Verein zwei Häuser der Leipziger Wohnungs- und Baugesellschaft mbH (LWB) gemietet. Die Stadt Leipzig fördert das Projekt im Rahmen der freien Förderung der Jugendhilfe nach § 13 SGB VIII. Der Schwerpunkt liegt dabei auf der pädagogischen Begleitung des Projekts.

Zielgruppe sind Jugendliche, junge Erwachsene und junge Familien zwischen 18 und 25 Jahren. In Absprache mit dem Amt für Jugend, Familie und Bildung und den Erziehungsberechtigten können ebenso Jugendliche ab 16 Jahren Aufnahme finden. Das Projekt bietet Jugendlichen und jungen Erwachsenen entsprechend § 13 SGB VIII begleitetes Einzelwohnen und nach den §§ 19, 30, 35 und 41 SGB VIII sozialpädagogische Einzelfallhilfen. Das Projekt bietet drei Einraumwohnungen, 12 Zweiraumwohnungen, drei Dreiraumwohnungen und eine Dreiraumwohngemeinschaft, wobei die Dreiraumwohnungen jungen Familien vorbehalten sind. Im geschützten Rahmen des Jugendwohnens werden die Jugendlichen von Sozialpädagog*innen begleitet und unterstützt. Sie arbeiten dabei vor allem an Themen wie Haushaltsführung, Finanzeinteilung, Integration in Ausbildungs- bzw. Arbeitsmarkt und dem friedlichen Miteinander der Hausbewohner*innen« (https://www.jugendhaus-leipzig.de/wohnen/jugendwohnen).

Zunehmend existieren Überlegungen, wie der marginale und zugleich exkludierende Charakter von Jugendwohnen aufgehoben werden und eine Durchmischung der Ausbildungslandschaften und Lebenssituationen stattfinden kann (z. B. Zimmer in Studierendenwohnheimen für Auszubildende finanzieren). Eine Idee, mit der versucht wird, über den bisherigen Rahmen hinauszudenken, ist das Berliner Modellprojekt social Bett&Bildung des Trägers Gangway e. V. Gangway versucht zusammen mit Airbnb, den Wohnungsmarkt für benachteiligte junge Menschen zu erweitern, in dem er Vermieter*innen auf der Airbnb-Plattform findet, die bereit sind, jungen Menschen zunächst zeitlich befristet Wohnraum anzubieten, flankiert von Angeboten eines Wohnführerscheins etc. Angestrebt werden Verlängerungen des Mietverhältnisses über einen ersten Zeitraum hinaus (Berndt & Schruth 2022).

Über die aufgezeigte Palette an Wohnmöglichkeiten der Jugendhilfe hinaus, bietet die Wohnungsnotfallhilfe für junge Erwachsene – zumindest in Großstädten – Soforthilfen in Form von Aufnahmehäusern, stationären und teilstationären Wohnheimen sowie Betreutem Wohnen, die i.d.R. niederschwelliger und primär existenzsichernd angelegt sind.

5.5 Geschlechtsspezifische Angebote

Angebote für Mädchen* und Frauen*

Prekäre Lebenslagen von Mädchen* und Frauen* sind generell verdeckter. Dies trifft in Bezug auf Wohnungslosigkeit nochmals mehr zu. Mädchen* und junge Frauen* wohnen häufiger und länger als Männer* in Unterschlupfsituationen, als dass sie sich in Einrichtungen der Wohnungslosenhilfe aufhalten. Sichere Unterkünfte für (junge) Frauen* sind i.d.R. nur unzureichend vorhanden. Die Angebote im Bereich Wohnungslosigkeit haben sich in den letzten Jahrzehnten ausdifferenziert, dennoch mangelt es vielerorts insbesondere an Notschlafstellen und an frauen*spezifischen Angeboten. Da die absoluten Zahlen an offen wohnungslosen volljährigen Frauen* gerade in kleineren Städten teilweise recht gering sind, wird häufig kein frauen*spezifisches Angebot umgesetzt. Dabei zeigt die Erfahrung, dass viele Frauen* erst dann das Hilfesystem nutzen, wenn frauen*spezifische angemessene Angebote vorhanden sind (Bodenmüller 2020). Auch die Bundesarbeitsgemeinschaft Wohnungslosenhilfe e. V. (BAG W) schlussfolgerte: »Macht die Wohnungslosenhilfe diesen Frauen ein Angebot, das ihrer Lebenslage und ihren Hilfebedarfen entspricht, dann wenden sich Frauen auch an das Hilfesystem und bleiben nicht länger unsichtbar« (BAG W 2018, 1).

Bezogen auf minderjährige junge Menschen wurde bereits im Kapitel 1.4 gezeigt, dass Mädchen* in Wohnungslosigkeit gegenüber Jungen* überrepräsentiert sind, sie nach wie vor weniger durch das Hilfesystem ›gesehen‹ werden und weniger als unterstützungsbedürftig wahrgenommen werden (▶ Kap. 1.4). Praktiker*innen an der Schnittstelle von Jugendhilfe und Wohnungslosenhilfe beobachten zudem, dass HzE zwar gewährt, diese jedoch von jungen Menschen nicht angenommen werden. Sie plädieren für eine niederschwelligere Jugendhilfe, in der die strukturelle Eingewobenheit und Relevanz von der Kategorie Gender in prekären Lebenslagen gesehen und verstanden wird. Damit sollte verbunden sein, dass junge Menschen eine Begleitung ›auf Abruf‹ für alle Dinge des Alltags erhalten und wissen, dass jemand da ist und für sie eintritt, wenn sie jemanden brauchen. Die Wohnungslosenhilfe hat den Vorteil, dass sie niederschwelliger ist und (junge) Menschen darin länger ausgehalten werden können. Sie sei, so die Leiterin der Frauenpension in Stuttgart, jedoch eigentlich nicht der richtige Ort für minderjährige Mädchen*. Das Angebot von zwei Plätzen für Minderjährige in der Frauenpension war eine Reaktion auf den unhaltbaren Missstand, dass in Stuttgart keine Möglichkeit bestand, eine 15-Jährige unterzubringen (Trelle & Reddemann 2022). Sie wollte kein Wohnangebot der Erziehungshilfe (mehr) wahrnehmen und war bei einem älteren Mann untergekommen, der wegen mehrfachen sexuellen Missbrauchs minderjähriger Mädchen* vorbestraft war.

Beispiel: Plätze für minderjährige, junge Frauen in der Frauenpension Stuttgart

»Das Angebot von zwei Plätzen für minderjährige junge Frauen* zwischen 16 und 18 Jahren in der frauenspezifischen Einrichtung der Wohnungsnotfallhilfe trägt dem Sachverhalt Rechnung, dass etliche Mädchen* nicht in Wohngruppen zurückkehren wollen und werden, sondern einen möglichst selbstbestimmten Alltag leben und auch weiterhin Drogen konsumieren wollen. Zur Verfügung gestellt wird ein möbliertes Einzelzimmer mit Pantryküche und eine gemeinschaftliche Nutzung der Duschen und Toiletten.

Ziel ist, den jungen Frauen* (zunächst) einen sicheren Schlafplatz und sicheren Aufenthaltsort zu bieten und ihnen ein Beziehungsangebot zu machen. Die jungen Frauen* können alle Angebote der Frauenpension nutzen. Das Angebot findet in Kooperation mit dem Bereich Jugend- und Familienhilfe des Caritasverbandes für Stuttgart statt und wird fachlich intensiv begleitet. Die Plätze werden über die zuständigen Beratungszentren des Jugendamtes der Stadt Stuttgart belegt« (https://www.caritas-stuttgart.de/hilfe-beratung/wohnungslos/wohnangebote/frauen/frauenpensionen/plaetze-fuer-junge-frauen/plaetze-fuer-junge-frauen).

Angebote für Jungen* und Männer*

Jungen*- und männer*spezifische Konzepte sind in der Wohnungslosenhilfe wichtig, aber ebenfalls kaum vorhanden. An der Schnittstelle von Jugendhilfe und Wohnungslosenhilfe sind Angebote für junge Männer* häufig an den Übergängen von Haftaufenthalten und GU angesiedelt. Ein Beispiel dafür ist das Johannes-Falk-Haus in Stuttgart (https://www.eva-stuttgart.de/nc/unsere-angebote/angebot/johannes-falk-haus).

Angebote für junge trans*Personen

Junge trans*Personen berichten von sehr unterschiedlichen Erfahrungen, wie sie mit ihren Bedarfen gesehen und unterstützt werden. Berichtet wird von Ausgrenzung und Diskriminierung, von Verunsicherung der Sozialarbeitenden und dem Wunsch, dass auch in der Unterstützung von trans*Menschen der Fokus auf den wesentlichen Unterstützungsthemen liegen sollte und nicht auf dem trans*sein. Somit kann, so die Stellungnahme der BAG W, eine immer wiederkehrende Konfrontation mit dem Thema und das Gefühl eines besonderen Umgangs ausgeschlossen werden (BAG W 2021).

5.6 Housing First für junge Menschen?

In sogenannten Verselbständigungsgruppen verbleiben etliche junge Menschen nur deshalb, weil vor Ort kein bezahlbarer Wohnraum für sie in Sicht ist (Stichwort »Verstopfungsphänomen«). Zudem gibt es eine große Anzahl wohnungsloser, auch minderjähriger, junger Menschen, die Angebote der HzE als zu eingreifend und kontrollierend erleben. Jedoch hätten sie gerne einen sicheren Schlafplatz in Form eines eigenen Zimmers. Erfahrungen z. B. der zentralen Beratungsstelle für junge wohnungslose Erwachsene in Stuttgart verweisen auf sehr heterogene und in sich ambivalente Bedürfnisse junger Erwachsener: Ein eigenes Zimmer ist ein absolutes Muss, aber in der ordnungsrechtlichen Unterbringung für Einzelpersonen häufig nicht möglich. Manche junge Menschen fühlen sich schon mit der Vorstellung, alleine in einem Apartment zu wohnen, so überfordert, dass sie zunächst lieber in ein Wohnheim möchten (da wäre WG-Leben zu eng), andere möchten lieber in eine WG (weil Wohnheim zu anonym ist). Nahezu alle formulieren, dass sie eine erwachsene Ansprechperson möchten, eine Person ihres Vertrauens, die sie bei Bedarf ansprechen können bzw. die dann ›immer für sie da ist‹.

Die Werkstatt Solidarität Essen sowie die Plätze für minderjährige junge Frauen in der Frauenpension der Wohnungslosenhilfe Stuttgart sind Beispiele dafür, wie das Zur-Verfügung-Stellen von Wohnraum im Zentrum des Angebots steht und durch Straßensozialarbeit und andere niederschwellige Unterstützungsangebote ergänzt werden kann.

Beispiel: Werkstatt Solidarität Essen

»Die Angebote der Werkstatt Solidarität Essen gGmbH richten sich an Jugendliche, die von Ausgrenzung bedroht sind, durch das Standardnetzwerk der Jugendhilfe nicht mehr erreicht werden oder drohen, aus bestehenden Systemen herauszufallen. Es sind Jugendliche mit Drogen- und Gewalterfahrungen, Opfer von Missbrauch, extreme Schulverweigerer, Jugendliche mit Anbindung an kriminelle Subkulturen und Jugendliche mit Straßenerfahrungen. Zusammen mit diesen jungen Menschen soll eine tragfähige Perspektive entwickelt, aber primär eine materielle und emotionale Versorgungsstruktur aufgebaut werden, mit der es gelingt, ein weiteres Abgleiten in sie schädigende Milieus zu verhindern.

In diesem Zusammenhang sind die Fachleistungsstunden integraler Bestandteil unseres ganzheitlichen Ansatzes. Die Fachleistungsstunde Straße dient der ersten Kontaktaufnahme in der aktuellen Lebenssituation des Jugendlichen. So findet zunächst eine rudimentäre Grundversorgung statt, die sich an der individuellen Lebenssituation orientiert und nicht mit Gegenleistungen verbunden ist. Gerade Jugendliche in der Drogen- und Prostitutionsszene erleben somit häufig zum ersten Mal Erwachsene, die vorbehaltlos zu ihnen stehen, ohne Gegenleistungen zu erwarten. Diese vertrauensbildende Maßnahme ist i. d. R. der erste Schritt aus der Abwärtsspirale. Über diese Transferleistungen wird der Druck genommen, weiter straffällig zu werden. Bei Drogenkonsumenten wird dieses Geld als ›sauberes Geld‹ verstanden, das niemals für Drogen genutzt werden darf. Der Aufbau einer Beziehung zu uns ist der erste Schritt in eine gewisse Form von Normalität.

Im nächsten Schritt erhalten die Jugendlichen über uns eine Wohnung und werden stationär in das intensiv betreute Wohnen übernommen. Mit Eintreten der Volljährigkeit werden im Allgemeinen die Mietverträge der Wohnungen auf die Jugendlichen übertragen und die wirtschaftlichen Leistungen von Arge oder JobCenter übernommen. Hat der junge Erwachsene beim zuständigem Jugendamt einen Antrag gemäß § 41 SGB VIII gestellt, wird er weiter von uns betreut. Hierfür nutzen wir die reguläre Fachleistungsstunde. […] Die Nachbetreuung wird gemäß Hilfeplan Stück für Stück reduziert und so ausgeschlichen. Der Kontakt zum Träger und den Betreuern wird häufig über Jahre hinweg gehalten« (https://www.werkstatt-solidaritaet-essen.de/index.php/paedagogische-grundlagen/schwerpunkte-aus-sicht-des-traegers).

Erfahrungsbericht eines Jugendlichen

Hallo, mein Name ist K. Und ich bin 18 Jahre. Seitdem ich 11 Jahre alt war, war ich in verschiedenen Heimen und Psychiatrien, wo ich immer rausgeflogen bin. Zwischendurch habe ich bei meiner Mutter gelebt, was aber auch nicht geklappt hat. Zum Schluss habe ich auf der Straße gelebt, da mich keine Einrichtung mehr wollte. Dann lernte ich den Betreuer der Werkstatt kennen. Er hat mich auf der Straße besucht und sich mit mir unterhalten. Manchmal waren wir was essen oder wir haben etwas gemeinsam unternommen. Nach einer Weile fragte er mich, ob ich mir eine eigene Wohnung vorstellen könnte. Ja, ich wollte. Also haben wir gemeinsam gesucht und eine Wohnung gefunden. Jetzt lebe ich schon fast ein ¾ Jahr in der Wohnung und es geht mir sehr gut. Anfangs war es schwierig, weil ich war ja alleine in der Wohnung, aber ich habe mich dran gewöhnt. Ich habe zu meinem Betreuer sehr häufig Kontakt. Wir telefonieren oder machen was zusammen. Jetzt gehe ich zum Berufskolleg und mache meinen Schulabschluss nach. Also bin ich vom Straßenkid zum Schüler geworden (https://www.werkstatt-solidaritaet-essen.de/index.php/paedagogische-grundlagen/schwerpunkte-aussicht-der-jugendlichen).

Bei den meisten Ansätzen, die dem Bedarf an Wohnen junger Menschen Priorität einräumen, handelt es sich um Formen des Betreuten Wohnens mit flexiblem bzw. geringem Betreuungsaufwand. Sie sind damit Beispiele für eine enge Verzahnung von Jugendhilfe und Wohnungsnotfallhilfe und werden auch im Kontext der Debatte um Housing First für Jugendliche/ junge Menschen genannt.

Housing First

Housing First, auch »Rapid Re-Housing« genannt, ist ein Ansatz aus der US-amerikanischen Sozialpolitik im Umgang mit Obdachlosigkeit und eine Alternative zum herkömmlichen System von Notunterkünften und vorübergehender Unterbringung. Im Unterschied zu anderen Programmen, die ein sogenanntes Stufenmodell beinhalten, müssen sich die Obdachlosen nicht durch verschiedene Ebenen der Unterbringungsformen für unabhängige und dauerhafte Wohnungen ›qualifizieren‹, sondern können direkt in eine ›eigene‹ Wohnung ziehen. Der Ansatz basiert darauf, dass eine obdachlose Person oder Familie als Erstes und Wichtigstes eine stabile Unterkunft braucht und andere Angelegenheiten erst danach angegangen werden können, da die Sicherheit und Stabilität einer eigenen Wohnung die notwendige Grundlage darstellen. Zudem wird keine Abstinenz von Alkohol oder anderen Substanzen als Voraussetzung verlangt. Unterstützung und Programme können in Anspruch genommen werden, sind aber nicht verpflichtend (mehr dazu z. B. Busch-Gertseema 2017).

Housing First für junge Menschen, so auch die Warnungen aus der Wohnungsnotfallhilfe für junge Erwachsene, darf dabei keinesfalls die vielerorts bestehende Praxis der öffentlichen Jugendhilfeträger übernehmen, dass mit der Volljährigkeit Hilfen beendet werden, da die Selbständigkeit vollständig vorhanden sei. Und Housing First, so die Rückmeldungen der Praxis, darf auch nicht als Housing pur (ohne Housing Second) und einem weitgehenden Alleinlassen von jungen Menschen missverstanden werden.

5.7 Übergänge begleiten – Hilfen aus einer Hand

Die erreichte Volljährigkeit und die häufig damit einhergehende Beendigung der HzE wurde bereits als vulnerabler Punkt des Hilfesystems benannt (▶ Kap. 2.3). Im Kinder- und Jugendstärkungsgesetz (KJSG) wurde vor diesem Hintergrund 2021 ein erhöhter Verpflichtungsgrad für die Jugendämter bezüglich Hilfen für junge Volljährige nach § 41 SGB VIII aufgenommen sowie in § 41 Absatz 3 eine (Zuständigkeits-)Übergangsplanung festgeschrieben. Zudem besteht nun eine Coming-Back-Option und die Möglichkeit der Nachbetreuung. Im *Hildesheimer Übergangsmodell* (▶ Abb. 3) können bspw. junge Erwachsene innerhalb von zwölf Monaten nach dem Ende der stationären Jugendhilfemaßnahme unabhängig von einem weiteren Jugendhilfebedarf bis zu zehn Stunden pädagogische Beratung beim Jugendamt oder einem freien Träger der Jugendhilfe in Anspruch nehmen (Feyer, Schube & Thomas 2020).

Eine Aufgabe in der Übergangsplanung ist die Akquise von Lots*innen für jede*n Careleaver*. Diese Personal Advisor* sollen kontinuierliche Ansprech- und Vertrauenspersonen für die jungen Menschen im Übergang und danach sein. Daher müssen sie von den jungen Menschen als Ansprechpartner*innen akzeptiert und geeignet sein, diese Rolle zu übernehmen. Das Ziel ist, dass Personal Advisor* vor, im und nach dem Übergang, also in einer Phase, in der sich sonst zahlreiche Ansprechpartner*innen und Zuständigkeiten ändern, eine stabile Anlaufstelle für die jungen Menschen bleiben. Sie sollten frühzeitig vor dem 18. Geburtstag bestimmt werden und in die Hilfe- und Übergangsplanung integriert werden. So kennen sie die Situation der jungen Menschen gut und können sie bei allen relevanten Fragen entweder direkt unterstützen oder ihnen helfen, entsprechende Unterstützungsangebote zu suchen und zu nutzen (Feyer, Schube & Thomas 2020). Zudem beinhaltet das Modell eine Verbesserung der rechtskreisübergreifenden Zusammenarbeit durch rechtskreisübergreifende Fallkonferenzen.

Andere rechtskreisübergreifende Modelle sind die Jugendberufsagenturen und die Beratungsstelle des Fachdienstes Hilfen für junge Erwachsene in Hamm.

> »Die Kombination der niedrigschwelligen, existenzsichernden und zeitnah arbeitenden Beratungsstelle mit den weiterführenden Hilfen aus den unterschiedlichen Rechtskreisen versetzt den Fachdienst in die Lage, den allermeisten Ratsuchenden passende ·Angebote aus einer Hand zu machen. Dabei werden die jungen Menschen als die eigentlichen Auftraggeber_innen gesehen, die in ihrer Selbstverantwortung gestärkt werden sollen. Es wird wenig reglementiert und gar nicht sanktioniert. Hilfen aus einer Hand sind möglich und häufig auch gewollt. Die Hilfe zum Lebensunterhalt kann mit geringem Aufwand und in kürzester Zeit zur Verfügung gestellt werden. Hiermit leisten wir einen wichtigen Beitrag dazu, dass die jungen Menschen wieder mehr Vertrauen in das Hilfesystem gewinnen und sich mehr für die Förderangebote zur beruflichen (Wieder-)Eingliederung öffnen, auch gegenüber Jugendhilfeangeboten« (Velmering 2018, 26).

Letztendlich sind gemeinsame Finanzierungspools und flexible Budgets für gemeinsam getragene Angebote notwendig. Auch die Arbeitsagentur und das Jobcenter sind gefordert, noch stärker als bisher mit den kom-

5.7 Übergänge begleiten – Hilfen aus einer Hand

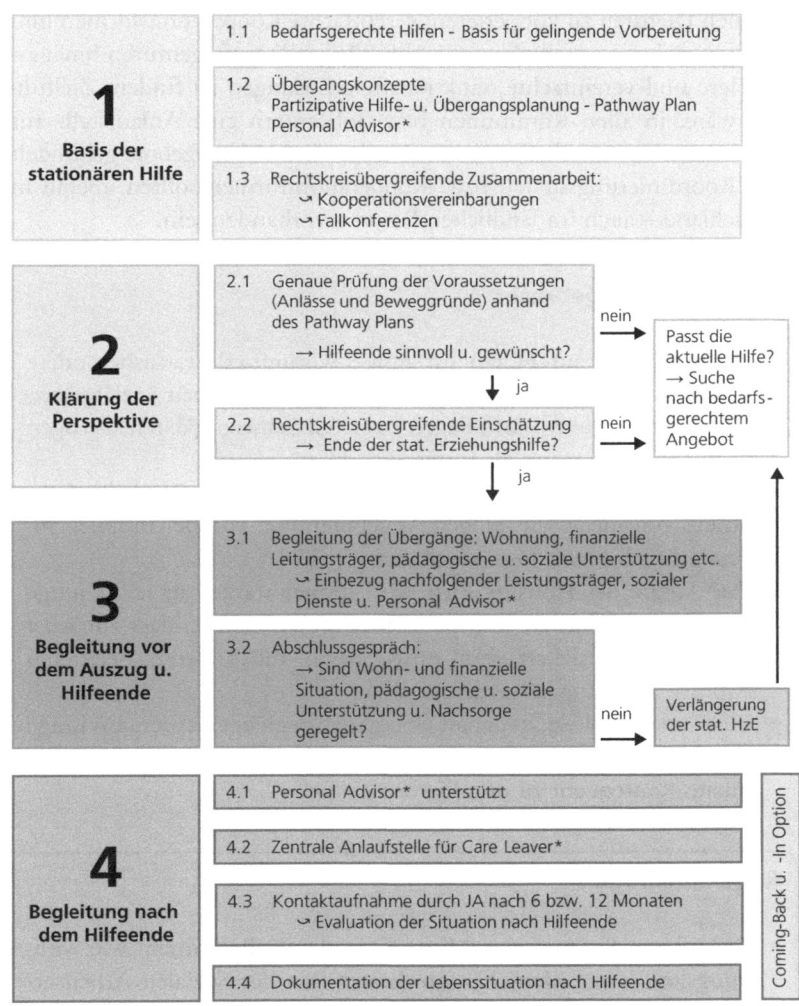

Abb. 3: Hildesheimer Modell (angelehnt an: Feyer, Jessica, Schube, Maria & Thomas, Severine (2020): Hildesheimer Übergangsmodell. Bausteine für flexible Übergänge aus stationären Erziehungshilfen ins Erwachsenenleben im Kontext von Jugendobdachlosigkeit, 6. Unter: https://forschungsnetzwerk-erziehungshilfen.de/wp-content/uploads/2020/08/Feyer_Uebergangsmodell.pdf, Zugriff am 14.06.2022)

munalen Diensten zu kooperieren, vereinfachte Kooperationsformen und Antragsverfahren zu schaffen und – über Jugendberufsagenturen hinaus – flexiblere und vereinfachte, sanktionsfreie Lösungen zu finden. Zielführend wäre, in allen Kommunen bzw. Jobcentern eine Anlaufstelle für junge Menschen zu schaffen, in der Förder- und Hilfeangebote gebündelt sind. Koordinierungsstellen bzw. Kooperationsformen sollten überall in Deutschland – auch im ländlichen Raum – vorhanden sein.

Auf den Punkt gebracht

- Der Anspruch auf Hilfen für junge Wohnungslose, insbesondere nach Erreichen der Volljährigkeit, ist in verschiedenen Sozialgesetzbüchern verankert. Darin liegen zum Teil Schwierigkeiten, bezogen darauf wer sich wann als zuständig erklärt.
- Die Jugendhilfe, insbesondere die Jugendsozialarbeit, hält einen Strauß von niedrigschwelligen Angeboten vor, von der mobilen Jugendarbeit bis zum Jugendwohnen.
- Der Ansatz des Housing First wird immer stärker auch für junge Volljährige diskutiert und beinhaltet die Annahme, dass zunächst Wohnraum gesichert sein muss, bevor die anderen belasteten Aspekte angegangen werden können.
- Lots*innenmodelle, in denen Übergänge begleitet werden, bis junge Menschen tatsächlich angekommen sind, sind über Pilotprojekte hinaus konsequent zu installieren.

Reflexionsfragen

- Diskutieren Sie mit zwei Mitstudierenden/Kolleg*innen, wie wohnungslose junge Menschen am besten von der Sozialen Arbeit erreicht werden können. Haben Sie selbst eine Idee für ein Angebot, das Sie entwickeln/konzipieren würden?
- Diskutieren Sie mit zwei Mitstudierenden/Kolleg*innen Ihre Position zu Housing First für Jugendliche/junge Menschen. Wo liegen die

Stärken der Anwendung dieses Ansatzes für junge Menschen? Wo sehen Sie Schwierigkeiten, wo haben Sie Bedenken?

Weiterführende Literatur

Berndt, Elvira (2019): Aufsuchende Jugendsozialarbeit. In: Sozialmagazin 44 (7/8), 70–75.
Deutscher Bundestag (2020): Sofa-Hopping ist keine Perspektive – Strategien gegen Wohnungslosigkeit bei Jugendlichen und jungen Erwachsenen. Unter: https://dip21.bundestag.de/dip21/btd/19/207/1920785.pdf, Zugriff am 11.11.2022.
Specht, Thomas (2019): Junge Menschen in den Hilfen im Wohnungsnotfall – Gesellschaftliche Bedingungen und die Verantwortung der Jugendhilfe. In: Forum Erziehungshilfen 25 (1), 14–18.
Velmering, Thomas (2019): Die Arbeit des Fachdienstes »Hilfen für junge Erwachsene« des Katholischen Sozialdienstes e. V., Hamm. In: Forum Erziehungshilfen 25 (1), 23–26.

6 Kommunale Wohnungspolitik und (integrierte) Sozialplanung

> **☞ Überblick**
>
> Wenn die Situation junger Wohnungsloser verbessert und zudem präventiv gearbeitet werden soll, ist zum einen die kommunale Wohnungspolitik (▶ Kap. 6.1) und zum anderen eine bessere Ausstattung der Jugendsozialarbeit als niederschwellige Angebotspalette und Ausdruck der Primärzuständigkeit der Jugendhilfe gefragt (▶ Kap. 6.2). Im Lehrbuch wurde aufgezeigt, dass die Zuständigkeitsübergänge schnell zu einer Bruchstelle werden und junge Menschen ›ins Nichts‹ fallen können. Eingefordert werden deshalb sogenannte ›flüssige‹ Übergänge zwischen Hilfen unterschiedlicher Sozialleistungsträger (z. B. Smessart 2020). Hierfür ist ein funktionierendes Schnittstellenmanagement und eine gute Zusammenarbeit in Hilfeverbünden von Nöten, mit der eine Verknüpfung von existenzsichernden und pädagogischen Hilfen erfolgen kann. Dies ist im Rahmen von integrierter Sozialplanung und einer präsenten Jugendhilfeplanung umzusetzen (▶ Kap. 6.3).

6.1 Bezahlbaren Wohnraum schaffen als Auftrag kommunaler Sozialpolitik

Die Kinder- und Jugendhilfe ist zuständig, junge Menschen in gelingenden Übergängen zu begleiten und ihnen damit ausreichend Teilhabe- und Mitwirkungsmöglichkeiten zu sichern. Sie kann prekäre Lebenssituationen junger Menschen bezogen auf Wohnen und den Wohnungsnotstand nicht allein bekämpfen, vielmehr bedarf es dazu auch einer engagierten kommunalen Sozialpolitik sowie politischer Initiativen auf Landes- und Bundesebene. Das Hilfesystem kann sich noch so verbessern, differenzieren und besser kooperieren, es wird nicht entscheidend zur grundsätzlichen Verbesserung der Situation beitragen, solange nicht mehr bezahlbarer Wohnraum existiert und nachhaltige Strategien hierzu entwickelt werden. Dies ist auch die Position der Bundesarbeitsgemeinschaft Wohnungslosenhilfe e. V. (BAG W), deren Geschäftsführerin formuliert:

> »Die Exklusion aus dem Wohnungsmarkt ist extrem folgenreich, weil sie auf vielfältige Weise mit den anderen Dimensionen sozialer Exklusion verflochten ist. So notwendig es ist, dass die Menschen in einer Wohnungsnotfallsituation auch Hilfen zur Überwindung der sozialen Ausgrenzung in den anderen Lebensbereichen erhalten, so wichtig ist festzuhalten: Ohne eigene Wohnung ist dies kaum möglich, da das Leben in Wohnungslosigkeit oder in einem vom Verlust bedrohten Wohnverhältnis oft zugleich Ursache der anderen Dimensionen der Ausgrenzung ist. Darum sollte die Ressource ›Wohnung‹ im Mittelpunkt aller Hilfen in Wohnungsnotfällen stehen« (Rosenke 2017b, 44).

Bezahlbaren Wohnraum kommunal zu schaffen, wird in den nächsten Jahrzehnten eine zentrale Aufgabe und gleichzeitig ein Mammutprojekt der Kommunen sein. Damit müssen städtebauliche und stadtplanerische Überlegungen bzw. eine entsprechende Wohnungspolitik verbunden sein und von Bund und Land unterstützt werden. An erster Stelle steht die Aufstockung des Bestandes kommunaler Sozialwohnungen, die mit langen Fristen der Sozialbindung sowie mit Kontingenten für einen bezahlbaren Wohnraum für benachteiligte junge Menschen zu versehen sind.

> »Nur, wenn ein relevanter Anteil an Mietwohnungen der Preisdynamik des Marktes zumindest teilweise entzogen wird, hat dies positive Auswirkungen auf

die Wohnraumversorgung einkommensschwacher Bevölkerungsgruppen« (Fix 2020, 3).

Der Einmischungsauftrag der Kinder- und Jugendhilfe müsste u. a. darauf zielen, dass solche großen Anstrengungen im sozialen Wohnungsbau auch wirklich getätigt werden, innovative Modelle des »kommunalen Wohnens für alle« konsequent und ausreichend gefördert werden und zudem freie Träger der Jugendhilfe bevorzugt kommunale Wohnungen und Bebauungsgrundstücke erwerben können.

6.2 Stärkung der Jugendsozialarbeit und kombinierte Hilfen

Die Jugendsozialarbeit nach § 13 SGB VIII ist das Sammelbecken für Angebote für sozial benachteiligte junge Menschen und beinhaltet die mobile Jugendarbeit, die Jugendberufshilfe, spezifische Angebote für junge Menschen mit Migrationshintergrund etc. Der Anteil der Ausgaben für die Jugendsozialarbeit innerhalb der Jugendhilfe ist in den kommunalen Haushalten seit Jahrzehnten verschwindend gering, so dass auch von Jugendsozialarbeit als ›Stiefkind‹ der Kinder- und Jugendhilfe gesprochen werden kann.

Der Großteil der Angebote der Jugendsozialarbeit werden über Projektmittel aus EU-, Bundes- oder Landesfördertöpfen finanziert, über die jeweils zeitlich begrenzte Förderprogramme aufgelegt werden. Dies birgt die Gefahr der ›Projektitis‹, der fehlenden zeitlichen Kontinuität und der inhaltlichen Ausrichtung auf vorgegebene Programme, die nicht immer dem aktuellen Bedarf auf kommunaler Ebene entsprechen müssen. Gerade niederschwellige Angebote der Jugendsozialarbeit werden aber benötigt als kontinuierliches und verlässliches personales (Beziehungs-)Angebot, so dass Sozialarbeitende gerade nicht immer mit einer Neuauflage eines Projekts wieder wechseln und dann mit ihrer erworbenen Erfahrung nicht mehr zur Verfügung stehen. Dies ist eine Grundvoraussetzung dafür, einen

6.2 Stärkung der Jugendsozialarbeit

Zugang zu jungen Menschen zu finden, die ansonsten wenig mit ›klassischeren‹ Angeboten anfangen können und die Zeit brauchen und konkrete gute Erfahrungen mit mobilen Jugendarbeiter*innen machen müssen, um Vertrauen aufbauen zu können. Jugendsozialarbeit ist deshalb zwingend als fester Posten in den Haushalt jeder Kommune aufzunehmen und finanziell abzusichern (▶ Abb. 4).

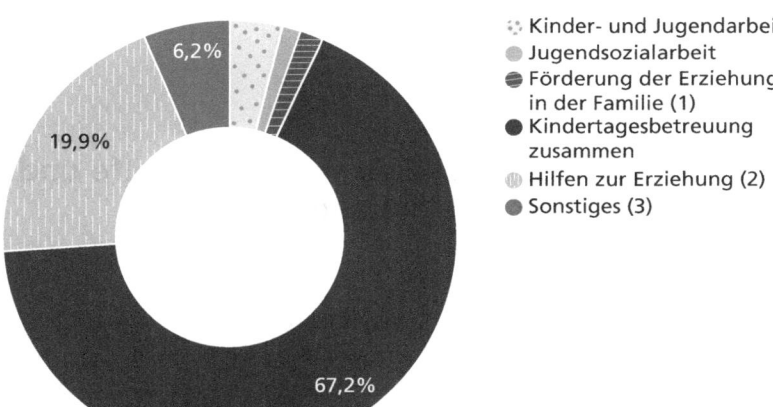

Abb. 4: Ausgaben für HzE im Vergleich zu Aufwendungen für andere Arbeitsfelder der Kinder- und Jugendhilfe (Deutschland 2019 in %) (AKJStat 2019b, o. S.)

Die Kinder- und Jugendhilfe ist breit aufgestellt und reicht von den Krippenangeboten bis zu den Hilfen für junge Volljährige. Dies beinhaltet ein großes Potenzial an Unterstützung in unterschiedlichen Lebenssituationen und Lebensbereichen. Jedoch könnten diese Angebote weitaus stärker und häufiger miteinander kombiniert werden, als es bislang der Fall ist. So könnten wie bspw. in der Straßenschule Freiburg (▶ Kap. 5.3) Bildungsangebote, Wohnmöglichkeiten, Freizeitangebote sowie therapeutische Unterstützung sinnvoll verknüpft werden. Damit kombinierte Hilfen jedoch überhaupt denkbar sind, müssen die »Grundangebote« wie die offene und mobile Jugendarbeit und die Jugendsozialarbeit/Jugendberufshilfe vor Ort finanziell abgesichert sein. Dies kann vielerorts nicht vorausgesetzt werden, vielmehr wurden in den letzten Jahren in Kommunen immer wieder Diskussionen um eine Absenkung der Finanzierung offener Jugendarbeit geführt. Neben der Grundabsicherung der einzelnen Angebote werden flexiblere Finanzierungsmöglichkeiten benötigt, um solche kombinierten Angebote zu befördern und abzusichern. Zu plädieren ist in diesem Zuge auch für ausreichende und damit eine deutliche Ausweitung präventiver Angebote (Cafés, Treffs).

6.3 Primärzuständigkeit der Jugendhilfe und integrierte Sozialplanung

Schröer, Stahl und Thomas (2018) gehen davon aus, dass eine Primärzuständigkeit der Jugendhilfe ein Ansatzpunkt sein kann, um dem entgegenzuwirken, dass der im Lehrbuch verhandelte Personenkreis sozialpolitisch ein Spielball zwischen den Sozialgesetzen ist und bleibt. Anders formuliert: Die Primärzuständigkeit der Jugendhilfe könnte ein Gegengift gegen eine erkennbare »organisierte Verantwortungslosigkeit« (Ader & Klein 2011) sein. Primärzuständigkeit bedeutet, dass bei verschiedenen Sachzuständigkeiten die Jugendhilfe den ›Hut aufhat‹, dass sie dabei nicht nur koordiniert, sondern als verbindliche ›Erste-Hilfe-Zuständigkeit‹ die erforderliche Leistung zeitnah, bedarfsbezogen und ausreichend anbietet. Um diese Primärverantwortung ausfüllen zu können, braucht es den Auftrag zur Koordination. Ebenso braucht es verbindliche Kooperationsverpflichtungen und entsprechende Kooperationsverträge mit den anderen relevanten Hilfesystemen, soll Jugendhilfe mit diesem Auftrag nicht ›verhungern‹. Benötigt werden also spiegelbildliche Regelungen in den anderen Sozialgesetzbüchern, die zur Kooperation verpflichten.

Um die immer wieder aufkommenden Blockaden und Zuständigkeitskonflikte aufzulösen sowie Leistungslücken schnell zu schließen, müsste das Jugendhilfesystem in Vorleistung gehen (können) und sich die Kosten von anderen Leistungssystemen ›zurückholen‹. Solche Verfahren

6.3 Primärzuständigkeit der Jugendhilfe und integrierte Sozialplanung

wären eine Möglichkeit, Finanzierungskonflikte im System zu lösen und diese nicht an die jungen Menschen zur individuellen Klärung zurückzugeben. Eingelöst würde damit, so Angela Smessart, zudem ein Verständnis moderner Sozialleistungsbehörden, das Adressat*innen als Inhaber*innen von Rechten und nicht als Bittsteller*innen begegnet (Smessart 2020, 3).

Für eine nachhaltige Prävention von Wohnungslosigkeit und eine gute Begleitung junger Wohnungsloser ist neben der Schaffung von Wohnraum auch eine ausreichende und abgestimmte Bereitstellung von Unterstützungsleistungen notwendig. Die Bereitstellung und eine damit verbundene Qualität der Angebote beruht auf kommunalpolitischen Entscheidungen, die in Ausschüssen (Sozialausschuss, Jugendhilfeausschuss, Gemeinderat ...) getroffen und häufig im Rahmen der Sozialplanung vorbereitet, unterfüttert und umgesetzt werden.

Planungsprozesse finden bislang hauptsächlich innerhalb von Fachplanungen statt (Jugendhilfeplanung, Altenhilfeplanung, Psychiatrieplanung ...). Mit der Forderung nach einer integrierten Sozialplanung sollen zukünftig verschiedene Ressorts (Raumordnung, Bau, Verkehr, Soziales, Gesundheit, Bildung, Erziehung, Sport und Bewegung, Kultur etc.) mit ihrem jeweiligen Blick auf den Sozialraum zusammenarbeiten und so bspw. Wohn- und Armutsthemen im Querschnitt und verknüpfend mit einer gemeinsamen Leitorientierung bearbeiten. Der Deutsche Verein für öffentliche und private Fürsorge e. V. fasst zusammen:

> »Die integrierte kooperative Sozialplanung verknüpft einzelne Planungsperspektiven unterschiedlicher Ämter und Abteilungen. Es handelt sich um eine integrierte (nicht additive) Denk- und Handlungsweise, die die Versäulung kommunaler Fachplanungen nutzt, indem sie deren Ergebnisse strategisch bündelt, koordiniert und damit eine mehrdimensionale und sozialraumorientierte Problemsicht ermöglicht« (Deutscher Verein für öffentliche und private Fürsorge e. V. 2020, 5).

Jugendhilfeplanung als Fachplanung für den Bereich der Kinder- und Jugendhilfe ist rechtlich über §§ 79 und 80 SGB VIII genauer bestimmt (vertiefend Daigler 2020a, Merchel 2016). Bei den Jugendämtern liegt die Federführung für die Planungsprozesse. Sie sollen dabei auch darauf hinwirken, dass die Jugendhilfeplanung und andere Planungen aufeinander abgestimmt sind und die Planungen insgesamt den Bedürfnissen und Interessen der jungen Menschen und ihren Familien Rechnung tragen (§ 80

Abs. 4 SGB VIII). Das bedeutet, dass die Jugendhilfeplanung im Rahmen einer integrierten Sozialplanung ein wichtiger Ort sein kann und sein sollte, an dem fortlaufend daran gearbeitet wird, dass junge Menschen eine für sie passende (personelle) Anlaufstelle vorfinden und Bruchstellen rechtzeitig in Kooperation minimiert werden können. Das Schlussplädoyer beinhaltet die Forderung einer personellen Ausstattung der Jugendhilfeplanung vor Ort, mit der diese Aufgaben mit der notwendigen Qualität übernommen werden können.

Auf den Punkt gebracht

- Die Situation junger Wohnungsloser verbessert sich mit einer verstärkten Schaffung von bezahlbarem Wohnraum vor Ort und einer damit verbundenen konsequenten Wohnungspolitik, die eine soziale Wohnungspolitik sein muss.
- Die Ausgaben für Jugendsozialarbeit im kommunalen Jugendhilfeetat sind i. d. R. im Verhältnis minimal. Die Jugendsozialarbeit hat jedoch die zentralen, niederschwelligen Arbeitsansätze, um sozial benachteiligte junge Menschen und junge Menschen in prekären Lebenssituationen zu erreichen und zu unterstützen. Diese Hilfen sind ganzheitlich angelegt und eine verbesserte Kombination von Angeboten wird als zielführend angesehen.
- Nicht selten erzeugt das Hilfesystem Brüche und das gesellschaftliche Herausfallen junger Menschen mit. Zentral hierbei sind die Praxen der ›Verschiebebahnhöfe‹, also, dass Nichtzuständig-Erklären und Weiterverweisen an andere. Gefordert werden deshalb ›Hilfen aus einer Hand‹ und eine Primärzuständigkeit der Jugendhilfe. Eine Primärzuständigkeit der Jugendhilfe könnte die Praxis der ›Verschiebebahnhöfe‹ zwischen den Leistungssystemen verringern bzw. beenden. Verstärkt werden müsste dabei die Arbeit in Hilfeverbünden.
- Eine integrierte Sozialplanung und eine aktive Jugendhilfeplanung sind wichtige Instrumente, um Hilfesysteme zu koordinieren und Konzepte für gemeinsame Modelle zu entwickeln, umzusetzen und

kontinuierlich auf ihre Wirksamkeit zu überprüfen. Sozialplanung und Jugendhilfe müssen entsprechend personell ausgestattet sein.

Reflexionsfragen

- Welche drei Strategien fallen Ihnen ein, damit junge Menschen zu eigenem bezahlbaren Wohnraum kommen? Tauschen Sie Ihre Ideen mit einer anderen Person, einer*m Mitstudierenden, einer*m Kolleg*in aus. Wie könnten Sie konkret dazu beitragen?
- Welche Angebote der Jugendsozialarbeit gibt es an Ihrem Wohnort? Teilen Sie die Ansicht, dass Jugendsozialarbeit stiefkindartig be- und verhandelt wird? Argumentieren Sie, weshalb Kommunen an dieser Stelle mehr investieren und ermöglichen sollten?
- Recherchieren Sie, wie an Ihrem Wohnort Sozialplanung und Jugendhilfeplanung aufgestellt sind. Können Sie Anstrengungen erkennen, prekäre Lebenssituationen von jungen Menschen zu verbessern? Sind integrierte Ansätze zu finden?

Weiterführende Literatur

Brüchmann, Katharina & Henke, Jutta (2022): Nicht Schnittstelle, sondern Mitverantwortung – Jugendhilfe als Partner in den Hilfesystemen gegen Wohnungslosigkeit. In: Forum Erziehungshilfen 28 (4), 201–207.
Daigler, Claudia, (2020a): Jugendhilfeplanung. socialnet Lexikon. Unter: https://www.socialnet.de/lexikon/Jugendhilfeplanung, Zugriff am 17.05.2022.
Fix, Birgit (2020): Stellungnahme zu den Anträgen »Sofa-Hopping ist keine Perspektive – Strategien gegen Wohnungslosigkeit bei Jugendlichen und jungen Erwachsenen« der Fraktion Bündnis 90/Die Grünen (BT-Drs. 19/20785) und »Housing First konsequent umsetzen – Perspektive für Straßenkinder und junge wohnungslose Menschen eröffnen« der Fraktion Die Linke (BT-Drs. 19/24642). Berlin.

7 Berufseinstieg: Motivation und was muss ich können?

> **☞ Überblick**
>
> In diesem letzten Kapitel werden Herausforderungen des Berufseinstiegs (▶ Kap. 7.1) sowie Motivationen von Studierenden und Berufseinsteiger*innen angesprochen, mit jungen Menschen in prekären Lebenssituationen arbeiten zu wollen (▶ Kap. 7.2). Abschließend werden unter »Auf den Punkt gebracht« benötigte Kompetenzen gebündelt.

7.1 Berufseinstieg als spezifischer Übergang und Einsozialisation

Grundsätzlich ist zu sagen, dass sowohl qualitative wie auch quantitative Studien zum Berufseinstieg in der Sozialen Arbeit generell und für bestimmte Handlungsfelder (bislang noch) weitgehend fehlen. Auch auf Daten dazu, wie viele Absolvent*innen aus den Studiengängen der Sozialen Arbeit in welche Handlungsfelder einmünden und warum sie das tun, kann im deutschsprachigen Bereich nur bezogen auf mehr oder minder systematisierten und fortlaufend ausgewerteten Absolvent*innenbefragungen bzw. Berufsfeldbefragungen einzelner Hochschulen zurückgegriffen werden.

7.1 Berufseinstieg als spezifischer Übergang und Einsozialisation

Ein generalistisch angelegtes Studium der Sozialen Arbeit schafft Grundlagen und eine Haltung, kann jedoch nicht auf das konkrete Handeln in einzelnen – häufig unvorhersehbaren und unstandardisierten – Situationen vorbereiten. Moch, Bense und Meyer gehen davon aus, dass im Verlauf der ersten Berufstätigkeit eine zweite Sozialisation stattfindet und sich das Professionsverständnis in den ersten beiden Berufsjahren nochmals wandelt (Moch, Bense & Meyer 2013). Kompetenzen von Berufseinsteiger*innen bauen sich nach Aussagen von Einrichtungsleitungen im ersten Berufsjahr insbesondere bezogen auf Persönlichkeit, Belastbarkeit und Eigeninitiative weiter aus (Kriener 2021). Es findet eine Einsozialisation in die Organisation und damit auch in deren Rahmenbedingungen statt. Gleichsam können Berufseinsteiger*innen auch Anstoß für Veränderungen in den Einrichtungen/Angeboten sein und nicht zuletzt auch von Nutzer*innen genutzt werden, um Regeln und eingefahrene Abläufe infrage zu stellen (von Wölfel & Thurm 2021).

Mit dem Berufseinstieg gehen die Herausforderungen, einen Rollenwechsel stimmig zu vollziehen sowie sich in der Arbeit ein »Standing« aufzubauen, einher. Es gilt eine Balance zu finden zwischen dem sich zu erlauben, nicht alles zu können, und gleichzeitig nicht auf die Rolle der Berufsanfänger*in reduziert zu werden – oder sich selbst zu reduzieren. Das richtige Maß an Nähe und Distanz zu finden, ist gerade in der niederschwelligen Arbeit mit jungen Menschen ein Suchprozess der oftmals jungen Berufseinsteiger*innen.

»Am Anfang war ich wahnsinnig erschöpft, es ist eine andere Anstrengung als es das Studium ist […]. Man ist sich dann bewusst, wie viel Verantwortung man auch hat. Im Studium bist du für dich selbst verantwortlich. Du musst schauen, wie schaffe ich mein Lernpensum, und jetzt bist du nicht nur für dich verantwortlich, sondern auch für ganz viele andere Menschen. Ich dachte mir, oh Gott, die erwarten so viel und ich bin jetzt irgendwie die, die handelt, habe da die Zügel in der Hand. Und wenn ich einen Fehler mache, dann ist das für die ganz schlimm. […] Ich habe manchmal das Gefühl gehabt, ich habe gar keine Ahnung. Ich komme aus der Theorie und habe eigentlich keine Ahnung, was so im Leben abläuft und das war eine Herausforderung, wo ich dachte: auf die Situation hat mich jetzt niemand vorbereitet, und das kann man ja auch nicht. Aber man steht oft da und denkt sich so, ja, was mache ich denn jetzt? Und dieser Moment, nicht immer zu wissen, was man jetzt am besten tut, dass man nicht das Schema F hat, nach dem man handeln kann, war am Anfang schwierig, weil ich gerne diesen Plan gehabt hätte. […] Aber andererseits bekommt man viel zurück, man kann viel machen, man kann viel selber entscheiden, so der Kontakt mit den Menschen, mit den Jugendlichen, das erfüllt einen dann auch (Interviewpartnerin E., Z. 228–254).

Die Herausforderung war, das Standing zu haben. Man kommt in meinem Fall sehr jung aus dem Studium raus. Mein Gefühl war, dass, wenn man noch so jung ist, ich mich mehr beweisen muss und trotzdem, dass ich nicht so viel Erfahrung habe, auch schon was draufhabe. Ich hatte das Gefühl, jetzt denkt die, da kommt so ein junges Küken aus dem Studium und die hat ja gar keine Ahnung. Bis ich meine Position gefunden habe im Team und bei den Jugendlichen, weil der Altersunterschied nicht wirklich groß ist. Es war mir wichtig, dass die merken: wir sind irgendwie auf einer Ebene, aber trotzdem: die Frau X. ist zwar jung, aber nicht jugendlich, kein Kumpel« (Interviewpartnerin E., Z. 275–288).

7.2 Motivationen und Selbstverständnisse

Die folgenden empirischen Angaben bzw. O-Töne stammen aus einer Vorstudie, in der im Wintersemester 21/22 neun Interviews mit Berufseinsteiger*innen geführt wurden (Daigler 2022).

80 % am Menschen und Allzuständigkeit: »Und wollte echt mal mit Jugendlichen arbeiten, die es wirklich brauchen.«

Für Carla (anonymisiert) war wichtig, ein Arbeitsfeld zu finden, in dem sie selbstbestimmt arbeiten kann und sie eigene Gestaltungsmöglichkeiten hat. Arbeiten in Zwangskontexten hat sie für sich ausgeschlossen. Ihre Motivation war, mit jungen Menschen zu arbeiten, die von gesellschaftlicher Exklusion bedroht sind und ein letztes, niederschwelliges Auffangnetz brauchen. Sie möchte kein Übergewicht an verwaltenden Anteilen, sondern möglichst viel direkten Kontakt mit (jungen) Menschen, mit ›extremen‹ und existenziellen Themen und Schwierigkeiten konfrontiert sein.

Seit 100 Tagen ist sie als Sozialarbeiterin in der Mobilen Jugendarbeit im ländlicheren Raum tätig in einem kleinen Zweierteam mit einem Kollegen. Ihr professionelles Selbstverständnis ist davon geprägt, dass sie nicht isoliert auf einzelne Probleme oder Symptome blickt, sondern dass das Verständnis der Sozialen Arbeit von Allzuständigkeit zum Tragen kommt.

»Und wollte echt mal mit Jugendlichen arbeiten, die es wirklich brauchen und da ist die mobile Jugendarbeit so das letzte Auffangnetz und das sind halt vor allem Jugendliche, also das Alter geht von 14 bis 27 Jahre. Ich wollte mit Menschen arbeiten, die vielleicht sonst durch durchs Raster fallen. Ich mag das Extreme, für mich war auch immer Straffälligenhilfe interessant. Und die mobile Jugendarbeit vereint so viele Themengebiete. Ich finde, die mobile Jugendarbeit ist vergleichbar mit der Sozialen Arbeit allgemein, weil wir haben von Straffälligkeit bis psychische Erkrankungen, Wohnungsnot, gesundheitliche Probleme, familiäre Probleme, alles, eine Allzuständigkeit eben wieder. Und du bist am Jugendlichen dran, also ich verwalte nicht nur, sondern ich habe auch 80 Prozent am Mensch« (Carla, Z. 48–57).

»Mir gefällt besonders die Flexibilität, dass ich alles machen kann. Ich habe wahnsinnig viel Freiheiten, ich werde nicht kontrolliert. Das fängt bei meinen Arbeitszeiten an und hört bei den Themen, die ich machen will, auf. Jede Idee, die ich habe, kann ich machen. Ich muss sie nur fachlich begründen. Und ich habe auch ein sehr dankbares Arbeitsfeld im Kontakt zu den Jugendlichen, weil ich in der Regel immer der Good Cop bin. Das ist zum Beispiel, wenn du beim Jobcenter arbeitest, nicht immer so« (Carla, Z. 465–478).

Carla hebt hervor, dass es Authentizität braucht, um Kontakt zu jungen Menschen zu bekommen. Sie betont ebenso die Notwendigkeit, über gute Rechtskenntnisse zu verfügen und diese auszubauen sowie Netzwerkarbeit zu leisten. Und drittens betont sie, dass es ein Wissen zu, eine Beschäftigung mit und eine Positionierung gegenüber Diskriminierungsprozessen und radikalen Strömungen/Bewegungen braucht. Es braucht also ein Wissen, ein handwerkliches Können und eine Haltung.

»Es liegt mir am Herzen, dass es ein Dach über den Kopf, Schutz und Intimität für alle gibt ... und ja dieses Überstülpen ist mir ganz wichtig, dass das nicht meine Arbeit sehr stark prägt.«

Janne hat eine theorieunterlegte, ethische Haltung u. a. im Studium entwickelt und damit einen »Blick auf die Verhältnisse« erworben. Sie versteht Soziale Arbeit als ein Eintreten für die Verbesserung gesellschaftlicher Verhältnisse und als Einsatz für die (Rückgewinnung der) Selbstbestimmung von Menschen. Es soll Menschen nichts übergestülpt werden, sondern zusammen, auf Augenhöhe, herausgefunden werden, was gewollt und gebraucht wird. Janne ist es wichtig, für soziale Gerechtigkeit einzutreten und für die Einhaltung von Menschenrechten, bspw. für das Recht auf ein menschenwürdiges Wohnen. Damit einher gehen Selbstverständnisse einer sich einmischenden und kämpferischen Sozialen Arbeit, die sich gegen Diskriminierung positioniert, sich ethischen Normen verpflichtet sieht und in Folge Lobbyarbeit leistet für Menschen, die keine bzw. wenig Lobby haben und wenig gehört werden. Sie spricht sich gegen Besserwisserei und »Überstülpen« in der Sozialen Arbeit aus.

»Die Auseinandersetzung mit Wohnungslosigkeit zieht sich durch das ganze Studium durch. Ich glaube durch meine eigenen biografischen Erfahrungen liegt mir das sehr am Herzen. Für mich bedeutet Wohnen viel mehr als ein Dach über dem Kopf zu haben, sondern es bedeutet einen Rückzugsort, es bedeutet Schutz, es bedeutet Intimität und auch Sicherheit. Für mich ist es sehr erstrebenswert und kämpfenswert, mich auch auf politischer Ebene einzumischen, dafür, dass so ein Ort für alle Menschen zur Verfügung steht oder alle die Chance haben, so einen Ort wie ein Zuhause haben zu können. Und zudem möchte ich Menschen, die in solchen Situationen sind, unterstützen, Hilfe zur Selbsthilfe leisten, um ein selbstbestimmtes Leben wiedererlangen zu können oder dass sich ihre Situation verbessert. Es muss noch sehr viel getan werden, in kurzfristigen, ich betone menschenwürdigen Unterkünften, in langfristigen Wohnmöglichkeiten, in der Grundversorgung von Menschen, die kein Obdach oder keine Wohnung haben.
Dieses Brennen, was ich dafür habe, das möchte ich weiterverfolgen, weil ich glaube, dass ich da was bewegen kann. Es wäre mir ein Anliegen, für Menschen zu streiten, die vielleicht keine Lobby oder eine kleine Lobby haben und nach Möglichkeit diesen Menschen auch ihre Stimme zurückzugeben. Auch zu schauen, was ist denn überhaupt bedarfsgerecht? Welche Hilfe? Will die jemand überhaupt? Beim Arbeiten schaut man, was brauchst du und ich muss jetzt nicht machen, was ein System mir unbedingt vorschlägt, sondern wenn jemand lieber auf der Straße sein möchte, weil er sagt, er möchte nicht in die Unterkunft, kann ich trotzdem in dieser niederschwelligen Arbeit gucken, okay, ein Schlafsack, der das aushält, hier kannst du Essen mitnehmen, das ist zumindest so ein bisschen die Lage verbessert. Also so im ganz Kleinen und ja dieses Überstülpen ist mir ganz arg wichtig, dass das nicht meine Arbeit sehr stark prägt […]. Adressat*innenorientierte Soziale Arbeit oder Arbeiten auf Augenhöhe oder diese theoretische Haltung sind mir wichtig und damit weiß ich, dass ich einen hohen Standard oder einen bestimmten Standard auch an meine zukünftige Arbeitsstelle richten werde, das ist mir bewusst« (Janne, Z. 139–162).

7.2 Motivationen und Selbstverständnisse

Auf den Punkt gebracht

- Motivationen, in Arbeitsfeldern mit jungen Menschen in prekären Lebenssituationen arbeiten zu wollen, sind unterschiedlich/individuell. Häufig sind die Motivationen verbunden mit einem kritischen Blick auf gesellschaftliche Ungleichverhältnisse und dem Wunsch ›direkt mit Menschen‹ zu arbeiten.
- Das Anforderungsprofil an Kompetenzen ist vielfältig und beinhaltet breite Wissensbestände und die Fähigkeit, in Netzwerken arbeiten zu können. Es braucht eine vorurteilsfreie und gleichzeitig klare Haltung in der Begegnung mit jungen Menschen, ein Verstehen-Wollen ihrer Lebenssituation, ihrer Bewältigungsweisen, ihrer Sehnsüchte und ihrer Bedarfe. Es braucht Authentizität, um ein personelles Angebot sein zu können. Es braucht ein Wissen und ein Verstehen, wie und warum junge Menschen ggf. Erfahrungen verdecken, und das Geben von Erlaubnissen, darüber erzählen zu können.
- Es braucht alltagspraktisches Wissen und ausgezeichnete Rechtskenntnisse, um Situationen von jungen Menschen beurteilen, Rechte stärken und Lösungen darin entwickeln zu können.
- Es braucht die Kompetenz, Verarmungsprozesse analysieren zu können und für Gerechtigkeit einzutreten.
- Es braucht ein Wissen darüber, wie die Kategorie Gender in diesen Prozessen systematisch eingelassen und wirksam ist.

Reflexionsfragen

- Warum wäre es für Sie interessant, in diesen Arbeitsfeldern zu arbeiten? Was wäre Ihre Motivation? Benennen Sie für sich drei Aspekte und gewichten Sie diese.
- Vor was genau hätten Sie großen Respekt? Was würde Sie ggf. ängstigen? Was denken Sie, wo kämen Sie an Ihre Grenzen? Und was könnte Ihnen dann helfen?
- Was ist für Sie bezogen auf Arbeitsbedingungen warum besonders wichtig?

Literatur

Ader, Sabine & Klein, Martin (2011): Die organisierte Verantwortungslosigkeit. Kooperation von Jugendhilfe und Jugendpsychiatrie als bleibende Herausforderung. In: Sozial Extra 35 (5/6), 24–28.

AFET, BVkE, EREV & IGfH (2020): Frankfurter Erklärung der Erziehungshilfeverbände. Das Grundrecht auf Wohnen für alle junge Menschen verwirklichen! Unter: https://www.bke.de/content/application/explorer/public/newsletter/2020/frankfurter-erklarung-8.pdf, Zugriff am 05.12.2022.

AKJStat (2019a). Hilfen zur Erziehung – die Bedeutung von Alter und Geschlecht. Unter: http://www.hzemonitor.akjstat.tu-dortmund.de/kapitel-2/2-hilfen-zur-erziehung-die-bedeutung, Zugriff am 24.05.2022.

AKJStat (2019b): Finanzielle Aufwendung für die Hilfen zur Erziehung. Unter: http://www.hzemonitor.akjstat.tu-dortmund.de/kapitel-5-ausgaben, Zugriff am 24.11.2022.

AK Wohnraum für junge Menschen in Hamburg & Diakonisches Werk Hamburg (Hrsg.) (2007): »Jung, wohnungslos, sucht ...«. Wohnungslosigkeit von jungen Menschen in Hamburg, Dokumentation der Fachtagung vom 27.11.2007.

Annen, Philipp (2020): Agency auf der Straße. Wiesbaden: Springer VS.

AGJ (2014): Junge Volljährige nach der stationären Hilfe zur Erziehung. Leaving Care als eine dringende fach- und sozialpolitische Herausforderung in Deutschland. Diskussionspapier der AGJ. Unter: https://www.agj.de/fileadmin/files/publikationen/Care_Leaver.pdf, Zugriff am 05.12.2022.

AGJ (2020): Jugendsozialarbeit in Verantwortung der Kinder- und Jugendhilfe. Diskussionspapier der AGJ. Unter: https://www.agj.de/positionen/artikel.html?tx_news_pi1%5Baction%5D=detail&tx_news_pi1%5Bcontroller%5D=News&tx_news_pi1%5Bnews%5D=7241&cHash=cadd31da8c73d879c40eb8c60bff2335, Zugriff am 17.06.2022.

BAG W (Hrsg.) (2010): Wohnungsnotfalldefinition der BAG W. Positionspapier. Berlin & Düsseldorf: BAG-W.

BAG W (Hrsg.) (2017): Handbuch der Hilfen in Wohnungsnotfällen. Berlin & Düsseldorf: BAG-W.

BAG W (Hrsg.) (2020a): Familienunterstützende Hilfen zur Überwindung sozialer Schwierigkeiten nach § 67ff. SGB XII in Wohnungsnotfällen. Berlin.

BAG W (Hrsg.) (2020b): Jahresbericht zur Lebenslage wohnungsloser und von Wohnungslosigkeit bedrohter Menschen. Berlin.

BAG W (Hrsg.) (2021): Empfehlung zur Ausgestaltung der Angebote für trans* und inter*Menschen in der Wohnungsnotfallhilfe. Empfehlungen der BAG W. Berlin.

Beierle, Sarah & Hoch, Carolin (2017): Straßenjugendliche in Deutschland. Forschungsergebnisse und Empfehlungen. München: DJI.

Beierle, Sarah & Hoch, Carolin (2018): Straßenjugendliche als Herausforderung für die Jugendhilfe. In: Zeitschrift für Jugendkriminalrecht und Jugendhilfe 29 (4), 272–279.

Beierle, Sarah & Hoch, Carolin (2019): Heute hier, morgen dort. Junge Menschen auf der Suche nach dem nächsten Dach über dem Kopf. In: Sozial Extra 43 (5), 313–317.

Beierle, Sarah & Hoch, Carolin (2021): Mehr als Notversorgung und Beratung: Nachhaltige Hilfsangebote für wohnungslose und obdachlose Jugendliche. In: Unsere Jugend 73 (6), 253–261.

Beierle, Sarah & Mögling, Tatjana (2017): Für immer entkoppelt vom System? Empowerment und soziale (Re)Integration von Straßenjugendlichen. In: Bernd Kammerer (Hrsg.): Streetwork und mobile Zugänge in der Offenen Jugendarbeit: (K)ein Thema?! Reihe: Nürnberger Forum der Kinder- und Jugendarbeit (71–87). Nürnberg: emwe.

Beirat des Careleaver*Kollektivs Leipzig (2021): Leaving Care in der integrierten Kinder- und Jugendhilfeplanung verankern! Stellungnahme. Unter: https://jimdo-storage.global.ssl.fastly.net/file/a0747808-4619-48af-8bac-45f4e77f2ba4/Stellungnahme%20zur%20iKJHP.pdf, Zugriff am 24.11.2022.

Berndt, Elvira (2019): Aufsuchende Jugendsozialarbeit. In: Sozialmagazin 44 (7/8), 70–75.

Berndt, Elvira & Schruth, Malte (2022): Social Bett&Bildung – eine Projektentwicklung in der Straßensozialarbeit. Forum Erziehungshilfen 28 (4), 212–216.

Bitzan, Maria (2018): An die Adressat_innen denken. Die Frage nach dem Wert des Sozialen ist ohne die Frage nach den Adressat_innen wertlos. In: Sozial Extra 42 (4), 30–33.

Bitzan, Maria & Bolay, Eberhard (2017): Soziale Arbeit – die Adressatinnen und Adressaten. Opladen & Toronto: Budrich.

Blumenberg, Franz-Jürgen & Götz, Ingrid (2010): Freiburger StraßenSchule (FSS). In: Dialog Erziehungshilfe (4), 90–92.

Bodenmüller, Martina (1995): Auf der Straße leben. Mädchen und junge Frauen ohne Wohnung. Münster: Lit.

Bodenmüller, Martina (2012): Hunde auf der Straße – Gefährten für wohnungslose Menschen. In: Jutta Buchner-Fuchs & Lotte Rose (Hrsg.): Tierische Sozialarbeit. Ein Lesebuch für die Profession zum Leben und Arbeiten mit Tieren (201–124). Wiesbaden: Springer VS.

Bodenmüller, Martina (2020): Wohnungslosigkeit von Frauen – auch ein Armutsphänomen. In: Regina-Maria Dackweiler, Alexandra Rau & Reinhild Schäfer (Hrsg.): Frauen und Armut – Feministische Perspektiven (361–381). Opladen u. a.: Budrich.

Bodenmüller, Martina & Piepel, Georg (2003): Streetwork und Überlebenshilfen. Entwicklungsprozesse von Jugendlichen aus Straßenszenen. Weinheim: Beltz.

Brüchmann, Katharina & Henke, Jutta (2022): Nicht Schnittstelle, sondern Mitverantwortung – Jugendhilfe als Partner in den Hilfesystemen gegen Wohnungslosigkeit. In: Forum Erziehungshilfen 28 (4), 201–207.

Bundesanzeiger (2020): Gesetz zur Einführung einer Wohnungslosenberichterstattung sowie einer Statistik untergebrachter wohnungsloser Personen und zur Änderung weiterer Gesetze. In: Bundesgesetzblatt, Drs. 23, Teil I, Nr. 11.

Bundesministerium für Familie, Senioren, Frauen und Jugend (2017): 15. Kinder- und Jugendbericht. Bericht über die Lebenssituation junger Menschen und die Leistungen der Kinder- und Jugendhilfe in Deutschland; Stellungnahme der Bundesregierung zum Bericht der Sachverständigenkommission; Bericht der Sachverständigenkommission (18. Wahlperiode, BT-Drs. 18/11050, Stand: Februar 2017). Berlin.

bpb (Hrsg.) (2021): Zieht euch warm an. Unter: https://fluter.de/stra%C3%9Fenju gendliche-deutschland-bericht, Zugriff 05. 12. 2022.

Busch-Geertsema, Volker (2017a): Housing First – innovativer Ansatz, gängige Praxis oder schöne Illusion? Teil 2: Was ist innovativ am Housing-First-Ansatz, ist er bereits Mainstream in Deutschland, und wenn es aber doch keine Wohnungen gibt? In: wohnungslos 59 (1), 75–80.

Busch-Geertsema, Volker (2017b): Housing First – innovativer Ansatz, gängige Praxis oder schöne Illusion? Teil 1: Was ist Housing First, was ist es nicht, und Belege für die Wirksamkeit des Ansatzes. In: wohnungslos 59 (2/3), 17–23.

Clark, Zoe & Momo (2019): Housing First for Youth – Straßensozialarbeit als Bindeglied zwischen Entkopplung und bedingungslosem Wohnen. In: Sozialmagazin 44 (7/8), 90–96.

Clark, Zoe & Ziegler, Holger (2020): Inobhutnahme zwischen Zwang und Freiwilligkeit. In: Fachgruppe Inobhutnahme (Hrsg.): Handbuch Inobhutnahme (409–424). Frankfurt a. M.: IGfH.

Daigler, Claudia (2008): In der sozialpädagogischen Arbeit beheimatet sein? In: Sozial Extra 32 (7/8), 6–10.

Daigler, Claudia (2019a): Verdeckte Verhältnisse – Prekäres Wohnen von jungen Frauen zwischen Jugendhilfe, Freunden und Wohnungsnotfallhilfe. Forum Erziehungshilfen 25 (1), 19–22.

Daigler, Claudia (2019b): Prekäre Lebenslagen von jungen Frauen. Anfragen an die Professionalität und Politik in der Jugendsozialarbeit. In: BAG Mädchenpolitik (Hrsg.): 20 Jahre Mädchenpolitik – Feministisch aktiv für Mädchen* und junge Frauen* (Schriftenreihe zur Mädchenarbeit und Mädchenpolitik, 17), 30–38.

Daigler, Claudia (2020a): Jugendhilfeplanung. socialnet Lexikon. Unter: https://www.socialnet.de/lexikon/Jugendhilfeplanung, Zugriff am 17.11.2022.

Daigler, Claudia (2020b): Schutz und Unterstützung für Mädchen und junge Frauen. Anmerkungen zur Diversität im Kinderschutz. In: Sabine Wagenblass & Christian Spatschek (Hrsg.): Diversität im Kinderschutz gestalten – Texte zur 4. Sommerschule Kinderschutz 2019 (55–59). Bremen: Bremer Schriften zur Sozialen Arbeit, 1.

Daigler, Claudia (2022a): Motivationen, Einmündung und Unterstützung von Berufseinsteiger_innen. Abschlussbericht zum Freistellungssemester für Forschung in Kooperation mit IGfH. Esslingen.

Daigler, Claudia (2022b): Familien in Wohnungslosigkeit – Aspekte an der Schnittstelle von Jugendhilfe und Wohnungslosenhilfe. Forum Erziehungshilfen 28 (4), 208–211.

Daigler, Claudia, Rosenbauer, Nicole & Struck, Nobert (2019): Hilfe zur Erziehung. socialnet Lexikon. Unter: https://www.socialnet.de/lexikon/Hilfe-zur-Erziehung, Zugriff 04.12.2022.

Der Paritätische, Gesamtverband (2017): Position des Paritätischen Gesamtverbandes für eine Neuausrichtung der Unterstützung junger Wohnungsloser. Unter: http://infothek.paritaet.org/pid/fachinfos.nsf/0/4a5fe56c8c498dc5c125821100350cf1/$FILE/20180107_Positionspapier-jung%20und%20wohnungslos_final.pdf, Zugriff am 14.11.2022.

Der Paritätische, Gesamtverband (2018): Jugendhilfe und junge Wohnungslose – Verantwortungsübernahme der Jugendhilfe ist nötig! Unter: https://www.der-paritaetische.de/alle-meldungen/paritaetisches-positionspapier-jugendhilfe-und-junge-wohnungslose-verantwortungsuebernahme-der-juge-1/, Zugriff am 14.11.2022.

Deutscher Bundestag (2018): Wohnungslose junge Menschen. Daten und Fakten aus aktuellen Studien. Unter: https://www.bundestag.de/resource/blob/592586/31fc31caf97e266846dfa2d6d0dc7e91/wd-9-091-18-pdf-data.pdf, Zugriff am 24.11.2022.

Deutscher Bundestag (2020): Sofa-Hopping ist keine Perspektive – Strategien gegen Wohnungslosigkeit bei Jugendlichen und jungen Erwachsenen. Unter: https://dip21.bundestag.de/dip21/btd/19/207/1920785.pdf, Zugriff am 11.11.2022.

Deutscher Verein für öffentliche und private Fürsorge e. V. (2020): Eckpunkte des Deutschen Vereins für eine integrierte kooperative Sozialplanung. Berlin.

Eichler, Antje & Holz, Gerda (2015): Lage von wohnungslosen Kindern und Jugendlichen in Baden-Württemberg. Unter: https://sozialministerium.baden-wuerttemberg.de/fileadmin/redaktion/m-sm/intern/downloads/Anhang_PM/Armuts_und_Reichtumsbericht_25_11_2015.pdf, Zugriff am 02.12.2022

Engelmann, Claudia, Mahler, Claudia & Follmar-Otto, Petra (2020): Analyse. Von der Notlösung zum Dauerzustand. Recht und Praxis kommunaler Unterbringung wohnungsloser Menschen in Deutschland. Berlin: Herausgegeben von Deutschen Institut für Menschenrechte.

Fendrich, Sandra & Tabel, Agathe (2019): Ungleiche Geschlechterverteilung in den Hilfen zur Erziehung – ein Blick in die Kinder- und Jugendhilfestatistik. In: Forum Erziehungshilfen 25 (3), 138–139.

Fernandez, Karina (2015): Die Bedeutung von Gewaltsituationen für die Reproduktion von Gruppenstrukturen im Kontext jugendlicher Obdachlosigkeit. In: Axel Groenemeyer, Claudia Equit & Holger Schmidt (Hrsg.): Situationen der Gewalt (262–277). Weinheim & Basel: Beltz Juventa.

Fernandez, Karina (2018): Verlaufsprozesse von Straßenkarrieren. Weinheim: Beltz Juventa.

Feyer, Jessica, Schube, Maria & Thomas, Severine (2020): Hildesheimer Übergangsmodell. Bausteine für flexible Übergänge aus stationären Erziehungshilfen ins Erwachsenenleben im Kontext von Jugendobdachlosigkeit. Unter: https://forschungsnetzwerk-erziehungshilfen.de/wp-content/uploads/2020/08/Feyer_Uebergangsmodell.pdf, Zugriff am 05.12.2022.

Fix, Birgit (2020): Stellungnahme zu den Anträgen »Sofa-Hopping ist keine Perspektive- Strategien gegen Wohnungslosigkeit bei Jugendlichen und jungen Erwachsenen« der Fraktion Bündnis 90/Die Grünen (BT-Drs. 19/20785) und »Housing First konsequent umsetzen – Perspektive für Straßenkinder und junge wohnungslose Menschen eröffnen« der Fraktion Die Linke (BT-Drs. 19/24642). Berlin.

Flick, Uwe & Röhnsch, Gundula (2008): Gesundheit auf der Straße. Gesundheitsvorstellungen und Umgang mit Krankheit. Weinheim & München: Juventa.

Freigang, Werner (2014): Intensivpädagogik. In: Diana Düring, Hans-Ulrich Krause, Friedhelm Peters, Regina Rätz, Nicole Rosenbauer & Matthias Vollhase (Hrsg.): Kritisches Glossar Hilfen zur Erziehung (163–166). Frankfurt a.M.: IGfH.

Freigang, Werner (2020): Scheitern in der Jugendhilfe. In: Forum Erziehungshilfen 26 (5), 260–264.

Fritz, Katrin (2021): Übergänge in Wohngruppen der Kinder- und Jugendhilfe aus Sicht junger Menschen. Eine qualitative Studie. Masterarbeit an der Hochschule Esslingen.

Gaßmöller, Annika & Hammer, Anna (2020): Was kommt nach der Intensivmaßnahme? In: Sozialmagazin 45 (11/12), 67–73.

Gerull, Susanne (2011): Was ist ein Erfolg in der Hilfe nach § 67 SGB XII? Was fördert, was behindert einen erfolgreichen Massnahmeverlauf? In: Werena Rosenke (Hrsg.): Ein weites Feld: Wohnungslosenhilfe – mehr als ein Dach über dem Kopf (407–414). Materialien zur Wohnungslosenhilfe. Bielefeld: BAG W.

Gerull, Susanne (2016): Wege aus der Wohnungslosigkeit. Eine qualitative Studie aus Berlin. Unter: https://opus4.kobv.de/opus4-ash/files/158/Wege_aus_der_Wohnungslosigkeit_Gerull.pdf, Zugriff am 05.12.2022.

Gerull, Susanne (2020): Wohnungslose Familien in Berlin. Gastbeitrag im Berliner Familienbericht 2020 (59–61). Unter: https://www.berlin.de/sen/jugend/familie-und-kinder/familienfoerderung/familienbericht-2020.pdf, Zugriff am 19.11.2022.

GISS (2015): Wohnungslosigkeit in Baden-Württemberg. Stuttgart. Unter: https://sozialministerium.baden-wuerttemberg.de/fileadmin/redaktion/m-sm/intern/downloads/Publikationen/Bericht_Wohnungslosigkeit_BW_GISS-Studie.pdf, Zugriff am 17.11.2022.

Hamberger, Matthias (2008): Erziehungshilfekarrieren: belastete Lebensgeschichte und professionelle Weichenstellungen. Frankfurt a.M.: IGfH.

Hartwig, Luise & Kriener Martina (2007): Mädchengerechte Hilfeplanung und Familisierung der Jugendhilfe: ein Widerspruch? In: Forum Erziehungshilfen 13 (4), 202–206.

Haug, Natalie (2021): Reproduktion von Ausgrenzung durch Soziale Arbeit? Vom Umgang von Sozialarbeiter*innen mit dem Thema Trans* in Beratung und Hilfesystem am Beispiel der Wohnungsnotfallhilfe. Master-Thesis. Frankfurt a.M.: Frankfurt University of Applied Sience.

Hillig, Christina (2020): Mobile Jugendarbeit im ländlichen Raum. Herausforderungen und Chancen zur Profilschärfung. In: Landesarbeitsgemeinschaft Mobile Jugendarbeit & Streetwork, Baden-Württemberg e.V. (Hrsg.): Praxisbuch Mobile Jugendarbeit (391–402). Berlin: Frank & Timme.

Hniopek, Andrea & Thiele, Julien (2019): »Wer die Realität verkennt, hinkt hinterher!?« LGBTIQ* – ein unabdingbares Que(er)schnittsthema für die Wohnungslosenhilfe. In: wohnungslos (1), 6–9.

Henniger, Sabine & Alex, Susanne (2013): Junge Wohnungslose zwischen den Hilfesystemen – Erfahrungen aus einer Beratungsstelle. In: Forum Erziehungshilfen 19 (1), 26–30.

Hoch, Carolin (2016): Straßenjugendliche in Deutschland – eine Erhebung zum Ausmaß des Phänomens. Zwischenbericht – zentrale Ergebnisse der 1. Projektphase. Halle: DJI.

Hoch, Carolin (2017): Straßenjugendliche in Deutschland – eine Erhebung zum Ausmaß des Phänomens. Endbericht – zentrale Ergebnisse der 2. Projektphase. Halle: DJI.

Hoch, Carolin & Beierle, Sarah (2019): Junge Menschen auf der Straße: Quantifizierung, Beschreibung der Zielgruppe und Hilfesystem. In: Forum Erziehungshilfen 25 (1), 10–13.

IGfH (2020): Grundrecht auf Wohnen – (auch) eine Frage der Kinder -und Jugendhilfe?! Videodokumentation online, Fachveranstaltung vom 19.05.2020. Unter: https://igfh.de/veranstaltungen/fachtage/grundrecht-auf-wohnen-auch-frage-kinder-jugendhilfe, Zugriff am 05.12.2022.

Keeß, Daniela (2021): Familien in Wohnungsnot – Schnittstellen zu SGB VIII und Handlungsmöglichkeiten der Wohnungslosenhilfe. In: wohnungslos (1), 10–13.

Klein, Alexandra, Ott, Marion, Seehaus, Rhea & Tolasch, Eva (2018): Die Kategorie der »Risikomutter«. In: Johannes Stehr, Roland Anhorn & Kerstin Rathgeb (Hrsg.): Konflikt als Verhältnis – Konflikt als Verhalten – Konflikt als Widerstand (107–142). Wiesbaden: Springer VS.

Körner, Claudia & Koop, Ute (2012): Forschungsstand. In: Susanne Gerull & Karin Wolf-Ostermann (Hrsg.): Unsichtbar und ungesehen. Wohnungslose Frauen mit minderjährigen Kindern in Berlin (12–40) (Berliner Beiträge zu Bildung, Gesundheit und Sozialer Arbeit, 12). Berlin u. a.: Schibri.

Laura (2020): »Mein Rucksack und meine Hunde waren alles, was ich hatte!« Erfahrungsbericht aus Adressat*innenperspektive. In: Forum Erziehungshilfen 26 (5), 275–277.

Maar, Katja (2006): Zum Nutzen und Nichtnutzen der Sozialen Arbeit am exemplarischen Feld der Wohnungslosenhilfe. Eine empirische Studie. Frankfurt a. M.: Peter Lang.

Merchel, Joachim (2016): Jugendhilfeplanung. München & Basel: Reinhardt.

Moch, Mathias, Bense, Benjamin & Meyer, Thomas (2013): Berufseinstieg in die Soziale Arbeit. Ibbenbüren: Münstermann.

Mögling, Tatjana & Beierle, Sarah (2015): Einmal Straße, immer Straße? Handlungsbedarfe und Unterstützungsstrukturen der Straßenjugendlichen. In: Forum Jugendhilfe 201 (2), 4–11.

Mögling, Tatjana, Tillmann, Frank & Reißig, Birgit (2015): Entkoppelt vom System. Düsseldorf: Vodafone Stiftung.

Mücher, Frank (2010): Prekäre Hilfen – Soziale Arbeit aus der Sicht wohnungsloser Jugendlicher. Wiesbaden: Springer VS.

Ohms, Constanze (2019): Wohnungslosigkeit und Geschlecht. Sexuelle Orientierung und Geschlechtsidentität als Risikofaktoren für und in Wohnungs- bzw. Obdachlosigkeit. Gewaltfreileben. Unter: https://gewaltfreileben.org/wp-content/uploads/2019/07/Wohnungslosigkeit-undGeschlecht_Druck_v5.pdf, Zugriff am 05.12.2022.

Ott, Marion (2017): Mutterschaft und Kindeswohl im Rahmen stationärer Betreuung. In: Betrifft Mädchen 30 (4), 169–173.

Permien, Hanna & Zink, Gabriela (1998): Endstation Straße? Straßenkarrieren aus der Sicht von Jugendlichen. München: DJI.

Peters, Friedhelm (2016): Von der Disziplinaranstalt zum lohnenden Lebensort und zurück? In: Forum Erziehungshilfen 22 (2), 68–73.

Peters, Friedhelm (2020): Die Konstruktion der »Schwierigen«. Das Beispiel der sogenannten Systemsprenger*innen. In: Forum Erziehungshilfen 26 (2), 113–116.

Raabe, Benjamin & Thomas, Severine (2019): Handreichung Leaving Care. Rechte im Übergang aus stationären Erziehungshilfen ins Erwachsenenleben. Hrsg. von: IGfH. Hildesheim: Universitätsverlag.

Reckwitz, Andreas (2021): Die Gesellschaft der Singularitäten (4. Auflage). Berlin: Suhrkamp.

Reißig, Birgit & Hoch, Carolin (2018): Jugendliche auf der Straße. Leben zwischen Autonomie und institutioneller Einbindung. In: Sozialmagazin 43 (1/2), 60–67

Rosenbauer, Nicole & Schruth, Peter (2023): Der neue §4a SGB VIII – ein Auftrag im Spannungsfeld von Chance oder (nur) Symbolpolitik? In: Forum Erziehungshilfen 29 (1), im Erscheinen.

Roseneke, Werena (2017b): Wohnen als Armutsfalle. In: Wolfang Stadler (Hrsg.): Stadt – Land – Fluss. Soziales Wohnen in der Zukunft (35–46). Weinheim: Beltz Juventa.

Schröer, Wolfgang, Stahl, Benjamin & Thomas, Severine (2018): Für einen eigenen Rechtstatbestand »Leaving Care« im SGB VIII. Eine Forderung an die neue Bundesregierung. Sozialmagazin (7/8), 82–89.

Schubert, Herbert (2020): Sozialplanung. socialnet Lexikon. Unter: https://www.socialnet.de/lexikon/Sozialplanung, Zugriff 05.12.2022.

Schwarz, Silvia (2021): Flüchtige Räume – Aneignungsstrategien von Frauen in Situationen der Wohnungslosigkeit. Opladen: Budrich.

Sievers, Britta (2019): »Ich bin an erster Stelle – und nicht was mein Jugendamt möchte ...«. Haltungen und Bedarfe in der Arbeit mit jungen Menschen in der Jugend- und Wohnungslosenhilfe. In: Forum Erziehungshilfen 25 (1), 14–18.

Sievers, Britta, Thomas, Severine & Zeller, Maren (2018): Jugendhilfe – und dann? Zur Gestaltung von Übergängen junger Erwachsener aus stationären Erziehungshilfen (3. Auflage). Frankfurt a.M.: IGFH.

Smessart, Angela (2020): Stellungnahme zur öffentlichen Anhörung zum Thema »Strategien gegen Wohnungslosigkeit bei Jugendlichen und jungen Erwachsenen am 14. Dezember 2020. Stellungnahme der AGJ Berlin.

SOS-Kinderdorf e.V. & Sozialpädagogisches Institut (Hrsg.) (2019): SOS kompakt 4. Praxiswissen zum Thema Leaving Care. Eigene Wege gehen. München: Kriechbaumer.

SOS-Kinderdorf e.V. & Sozialpädagogisches Institut (Hrsg.) (2021): SOS-digital-Dokumentation. Junge Wohnungslose in der Jugendhilfe begleiten. SOS-Fachtagung 2021. Unter: https://www.sos-kinderdorf.de/portal/paedagogik/publikationen/junge-wohnungslose-in-der-jugendhilfe-begleiten-107794.

Specht, Thomas (2017): Heranwachsende und junge Erwachsene. In: BAG W (Hrsg.): Handbuch der Hilfen in Wohnungsnotfällen (347–370). Berlin & Düsseldorf: M.P.

Specht, Thomas (2019): Junge Menschen in den Hilfen im Wohnungsnotfall – Gesellschaftliche Bedingungen und die Verantwortung der Jugendhilfe. In: Forum Erziehungshilfen 25 (1), 14–18.

Stauber, Barbara & Walther, Andreas (2011): Übergänge in den Beruf. In: Hans-Uwe Otto & Hans Thiersch (Hrsg.): Handbuch Soziale Arbeit (4. Auflage) (1703–1715). München & Basel: Reinhardt.

Stauber, Barbara & Walther, Andreas (2016): Lebensweltorientierung in der Gestaltung biografischer Übergänge. In: Klaus Grunwald & Hans Thiersch (Hrsg.): Praxishandbuch Lebensweltorientierte Soziale Arbeit (559–570). Weinheim & Basel: Beltz Juventa.

Steckelberg, Claudia (2010): Zwischen Ausschluss und Anerkennung. Lebenswelten wohnungsloser Mädchen und junger Frauen. Wiesbaden: Springer VS.

Steckelberg, Claudia (2018a): Wohnungslosigkeit. Aktuelle Herausforderungen aus einer menschenrechtsorientierten Perspektive. In: Blätter der Wohlfahrtspflege 165 (4), 136–139.

Steckelberg, Claudia (2018b): Wohnungslosigkeit als heterogenes Phänomen. Soziale Arbeit und ihre Adressat_innen. Unter: https://www.bpb.de/apuz/270888/wohnungslosigkeit-als-heterogenes-phaenomen-soziale-arbeit-und-ihre-adressatinnen?p=0, Zugriff am 15.11.2022.

Tabel, Agathe (2020): Empirische Standortbestimmung der Heimerziehung. Fachwissenschaftliche Analyse von Daten der amtlichen Kinder- und Jugendhilfestatistik. Frankfurt a. M. Unter: https://igfh.de/publikationen/broschueren-expertisen/empirische-standortbestimmung-heimerziehung, Zugriff am 06.11.2022.

Thiersch, Hans (2020): Lebensweltorientierte Soziale Arbeit – revisited. Weinheim & Basel: Beltz Juventa.

Tornow, Harald, Ziegler, Holger & Sewing Julia (2012): Ursachen und Begleitumstände von Abbrüchen stationärer Erziehungshilfen (ABiE). In: EREV-Schriftenreihe 53 (3), 11–164.

Trelle, Markus & Reddemann, Birgit (2022): Gelungene Kooperation zwischen Wohnungslosenhilfe und Jugendhilfe. In: Rosenke, Werena (Hrsg.): Alles rund ums Wohnen und Nicht-Wohnen. Für eine Nationale Strategie zur Überwindung von Wohnungsnot und Wohnungslosigkeit (143–152). Reihe Materialien zur Wohnungslosenhilfe, Heft 68. Berlin. BAG W.

Velmering, Thomas (2019): Die Arbeit des Fachdienstes »Hilfen für junge Erwachsene« des Katholischen Sozialdienstes e. V., Hamm. In: Forum Erziehungshilfen 25 (1), 23–26.

Walther, Andreas & Stauber, Barbara (2007): Übergänge in Lebenslauf und Biographie – Vergesellschaftung und Modernisierung aus subjektorientierter Perspektive. In: Barbara Stauber, Axel Pohl & Andreas Walther (Hrsg.): Subjektorientierte Übergangsforschung – Rekonstruktion und Unterstützung biografischer Übergänge junger Erwachsener (19–41). Weinheim & München: Juventa.

Walther, Andreas & Stauber, Barbara (2013): Übergänge im Lebenslauf In: Schröer, Wolfgang, Stauber, Barbara, Walther, Andreas, Böhnisch, Lothar & Lenz, Karl (Hrsg.): Handbuch Übergänge (23–43). Weinheim & Basel: Beltz Juventa.

Weber, Monika (2019): Ent-deckt! Genderperspektiven auf die Übergangsphase Leaving Care. In: Forum Erziehungshilfen 25 (3), 148–154.

Wedermann, Stefan (2019): Kinderrechte und bessere Lebensbedingungen von jungen Wohnungslosen. Ein Gespräch mit der Selbstorganisation von Straßenjugendlichen ›MOMO‹. In: Forum Erziehungshilfen 25 (1), 27–30.

Werkstatt Solidarität Essen gGmbH (2018): Jahresbericht 2017. Unter: www.werkstatt-solidaritaet-essen.de/images/ws-bilder/Jahresbericht-2017.pdf, Zugriff am 17.11.2022.